KB075914

같이의 가치를 짓다

같이의 가치를 짓다

청년 스타트업
woozoo 우주의
한국형 셰어하우스
창업 이야기

김정현
계현철
이정호
조성신
박형수 지음

WOOZOO
happy together

우주woozoo를
만든 사람들

김정헌

WOOZOO 대표. 창업 당시 30세.

별명 Honey **특징** 저질 체력
장래희망 연쇄창업마
취미특기 여행, 농구, 위닝
좌우명 지금이 아니면 할 수 없는
일이 있다.
나에게 WOOZOO란 인생의 전환점.
나만의 꿈과 목표를 향해 가던 내가
다른 이들과 함께 꿈꾸고 목표를
이룰 수 있다는 것을 알게 된 시작점.
우주인에게 한마디 우주가 젊은 날의
상큼한 추억과 성장을 이루는 공간이
되면 좋겠다.

계현철

WOOZOO 얼굴 담당. 창업 당시 26세.

별명 계시인 **특징** 옷덕후
역할 WOOZOO 브랜딩, 대외 커뮤니케이션
장래희망 좋은 아빠, 좋은 남편
취미특기 여행, 사이클, 각종 문화생활
및 식도락
좌우명 나이 들어도 늘 꿈꾸는 사람이 되자.
나에게 WOOZOO란
우연처럼 만났지만, 어쩌면 너는 내 운명.
우주인에게 한마디 열정밖에 없는 청년들이
모여 만들어낸 공간이자 우리에게 새로운
세상을 만나게 해준 이곳이 누군가에게도
행복과 즐거움을 주는 공간이 되었으면
한다. 우주는 앞으로도 계속 성장할
것이다. 그리고 우리 또래 친구들이
누군가를 따라가는 삶이 아닌
스스로의 삶을 꿈꾸고 열어가길.

이정호

WOOZOO 살림 담당. 창업 당시 24세.

별명 더정호 **특징** 차덕후
역할 경영지원 **장래희망** 포르쉐 오너
취미특기 수영, 스쿼시, 음주
좌우명 하면 된다.
나에게 WOOZOO란 가장 재미있게
놀았던 경험.
우주인에게 한마디 경영학도로서 기업
활동을 통해 수익을 창출하고 사회적인
가치를 만드는 일을 꿈꿔왔는데 이를
우리 손으로 이루었다는 사실에 이루
말할 수 없는 성취감을 느낀다. 무엇보다
우주를 만들면서 만난 인연들, 이제는
가족 같은 다섯 멤버와 권농동 집주인
아저씨, 미아동 사모님, 양동수 변호사님,
창업 멤버 못지않게 고생해준 우주 1호점
입주자들 모두 잊을 수 없다. 살면서 나도
다른 이에게 소중한 존재가 되기 위해
노력하리라 다짐한다. 우주에서 모두
소중한 인연을 만들어가기를.

조성신

WOOZOO 협상의 달인.
창업 당시 25세.

별명 감자 **특징** 귀여운 외모
역할 임대인 영업 **장래희망** 결혼
취미특기 수다 떨기 **좌우명** 늦었다고
생각할 때가 진짜 늦은 것이다.
나에게 WOOZOO란 삶의 새로운 도전.
우주인에게 한마디 우주를 하면서
우여곡절이 많았다. 중요한 것은 실수
없이 로봇처럼 일을 잘하는 것보다
고난과 역경에 대처하는 자세인 것
같다. 아직도 많이 부족하지만 보다
완성되어가는 우주를 기대한다.

박형수

WOOZOO 실행력의 아이콘.
창업 당시 24세.

별명 빡형 **특징** 실제 나이는 막내,
얼굴 나이는 맏형 **역할** 지점 개설 및
운영 관리 **장래희망** 턴어라운드 전문가
취미특기 영화 감상
좌우명 일희일비 하지 말자.
니에게 WOOZOO란 타인을 위해
시작한 일이었는데 오히려 내가
가장 많이 배우고 성장한 최고의 자산.
우주인에게 한마디 아직은 더 많은
질책과 평가를 받아야 하지만 늘
지금보다 성장하는 우주가 되었으면
한다. 창업을 함께하며 고생한 멤버들도
잊을 수 없지만 검증이 안 된 1호점에
기꺼이 우주인으로 살아준 구총림 씨,
백도현 씨, 최장호 씨는 결코 잊지
못한다. 이 덕분에 확신을 갖고 우주를
진행할 수 있었다. 지금은 창립 멤버
모두 각자의 꿈을 향해 가고 있지만
20대에 우주를 창업한 경험이 얼마나
큰 힘이 되는지 모른다. 우주에서
살아가는 여러분과 새로운 직원 모두에게
그 힘이 전해졌으면 한다.

셰어하우스 세대의 역습이 시작된다

**함께 산다는 것, 삶을 나눈다는 것,
꿈을 더한다는 것**

시작은 단순했다. '인 서울' 대학생이 되고 싶은 꿈을
이루었다. 하지만 그게 다가 아니었다. 그 뒤에 어마어마한
난관이 기다리고 있었다.
「국민이 쾌적하고 살기 좋은 생활을 영위하기 위해 필요한
최소한의 주거생활기준」에 따르면 주거 면적, 필수 설비,
구조 성능 및 환경에 관한 기준을 제시한다. 하지만 한 통계
자료에 따르면 수도권 및 서울에 사는 대학생의 52퍼센트는
그 최소 면적에도 못 미치는 14제곱미터 이하의 좁은 공간에
산다. 게다가 생활비에서 주거비가 45퍼센트 이상을 차지하기

때문에 삶의 질이 어떨지는 불 보듯 뻔하다.

주거 문제는 다양한 계층에서 심각한 사회 문제이다. 특히 자립이 어려운 대학생이나 주거비 마련이 부담인 사회 초년생에게는 가혹하다. 매번 부동산 대책이니 뭐니 기사가 쏟아지지만 사실 숫자나 정책을 통해 드러나는 문제는 우리 피부에 와 닿지 않는 게 사실이다.

이야기를 좀더 쉽게 풀어보자. 대한민국 사람이라면 누구나 한번쯤 보았거나 들어서 알고 있을 시트콤『남자 셋, 여자 셋』을 떠올려보자. 당신이 70~80년대 생이라면 미국의 유명 시트콤『프렌즈』를, 80~90년대 생이라면『논스톱』을 떠올리는 것도 도움이 된다. 이런 시트콤과 함께 학창 시절을 보냈다면 '나중에 크면 저렇게 살 수 있을' 줄 알았을 것이다. 비슷한 또래, 비슷한 관심사를 가진 사람들이 모여 매일 흥미진진하고 스펙터클한 일상. 거기서 연애도 하고 때로는 친구들끼리 절절한 우정 스토리가 연출되리라는 기대를 품고. 그로부터 약 10년 뒤, 가까스로 서울에 입성한 당신의 집은 어떤 모습일까?

어제 먹은 과자 봉지는 당신의 키보드 왼편 15센티미터쯤 놓여 있고, 마우스 오른편 15센티미터쯤에는 빈 음료 병이 널브러져 있다. 침대 한 켠에는 아무렇게나 벗어놓은 옷이 구겨져 있고, 냉장고에는 다양한 종류의 페트병과 언제 마지막으로 먹었는지 모를 반찬 용기가 가득하다. 그리고 지금 자리에 앉은 채로 천천히 고개를 돌려보면(너무 빨리 돌리면 더 슬퍼질지도 모르니) 집의 현관이 보일 것이다.
이 모습이 당신을 포함한 당신의 친구, 동생 혹은 가족 중
누군가가 절절히 공감하는 이 시대 1인 가구의 생활이다.
상상과 현실의 괴리가 이렇게 크다. 혹시 지금 끼니를 위해
혼자 라면을 끓여 김치도 없이 대충 먹고 있지는 않은지?
잠깐, 눈물 좀 닦고.
멋진 '나만의 공간'을 꿈꿨지만 손바닥만 한 고시원에, 그보다
나을 것 없는 작은 원룸, 턱없이 비싼 집세로 골머리를
썩는다. 대학생과 사회 초년생을 포함해 혼자 사는 사람이
점점 많아진다. 하지만 그들에게 주어진 선택지는 너무나
적다. 이제는 혼자 사는 주거 형태에 새로운 대안이 필요하다.

우리가 창업을 결심한 이유,
그리고 소셜 벤처를 택한 이유

"내 주변 문제부터 해결하는 것이 소셜 벤처의 첫 걸음이다."
사회적 기업인 딜라이트 보청기 공동 창업자이자 당시
전략기획실장이던 우주woozoo의 김정헌 대표는 대학생
인턴들과 이야기를 나누다 자취생활의 하소연을 들었다.
그때 미래에 대한 포부보다 당장 내 주변 문제부터 해결하는
게 먼저라는 생각을 했다. 그 생각이 '우리가 만드는 우리의

집'이라는 취지로 '셰어하우스 우주'를 탄생하게 했다.
그때 만난 대학생 인턴들이 바로 우주의 공동 창업자들이다.
'셰어하우스'Sharehouse라는 말이 생소할 수도 있다. 요즘
청년들이야 한번쯤 외국생활을 통해 경험하기도 하지만
아직까지 한국 사람들에게는 쉽게 다가오지 않는 개념이다.
의미를 알게 되더라도 집이 재산의 기초를 이루는 한국에서는
현실적으로도 낯설어한다. 셰어하우스란 말 그대로 집을
나누어 쓰는 공동 거주 형태이다.
누군가와 함께 사는 공간이란 '불편한 공유'를 감수해야 하는
어쩔 수 없는 선택으로 여겨진다. 어린 시절 대가족이 모여
살며 앞집 뒷집 이웃과 어울려 놀던 추억과는 사뭇 다르다.
경제적인 이유로 선택하게 되는 고시원 등은 삶의 질을
기대하기 어려울 만큼 열악하거나 옆방과 밀착된 만큼
부득이하게 마찰이 생겨나기도 하고 다시는 돌아가고 싶지
않은 나쁜 기억으로 남기도 한다. 생각해보면 아파트나
개인 주택도 마찬가지다. 층간 소음은 사회 문제로까지
확대되었고, 점점 우리 집과 옆집을 구분하는 현관문은 굳게
닫히며, 복잡한 잠금 장치와 함께 이웃은 사라져갔다.
하지만 우주가 만들어가는 셰어하우스는 다르다. 단순히
경제적인 어려움에서 비롯한 공유를 실천하는 집이 아니다.
혼자서는 경험할 수 없는 더 큰 가치를 만들어 낼 수 있는
공간을 꿈꾼다.
우주는 집을 전세 또는 반전세로 임대하고 이를 다시 대학생,

사회 초년생, 외국인 유학생 등 주거 소외계층이라 할 수 있는 이들에게 월 평균 40만 원대의 보다 저렴한 월세로 내어주는 전대사업이 기본 모델이다. 전세 자금은 사회적 투자 자금, 지방자치단체의 유휴 공간 활용, 대기업 사회공헌 활동과의 연계, 일반 주택 소유자의 참여, 크라우딩 펀딩 등 다양한 방법을 통해 조달한다. 이를 통해 수익을 내면 다시 재투자를 하고 주거 문제 해결이라는 사회적 가치를 창출한다.

집을 고르는 기준도 있다. 주변의 낡은 집을 리모델링해 공간을 되살리거나 기존에 주거 소외계층이 접하지 못하는 질 높은 공간을 제공하고자 하는 것이다. 그래서 저렴한 월세로도 '비좁은 방'이 아닌 '안락하고 머물고 싶은 집'에 살 수 있게 된다. 더불어 함께 사는 사람들에게 수준 높은 '소셜 커뮤니티' 역할을 하도록 한다.

창업에 관심 있는 사람들이 모여 의견을 나누고 서로의 발전을 위해 노력하는 '예비 창업가를 위한 집', 미술을 공부하는 사람들이 모여 다양한 작업을 함께 하고 감성을 나눌 수 있는 '미술가를 위한 집', 여행 정보를 공유하고 같은 취미를 가진 사람끼리 추억을 나누는 '여행을 좋아하는 사람들의 집' 등 우주에 산다는 것은 그저 공간을 함께 쓰는 것만이 아니다. 꿈과 이야기가 만나는 공간이다.

우주가 탄생하고 1년이 넘는 시간 동안 발전을 거듭해오며 우리가 만들고자 한 셰어하우스는 연착륙에 성공했다고 자부한다. 하지만 이 책은 성공기도, 누군가를 위한 모범

답안도 아니다. 그저 혼자 사는 삶에 지친 이들에게, 그리고 새로운 주거 문화를 기대하는 이들에게 흥미로운 사례를 소개하는 즐거운 책이다.

함께 나누는 삶에서 얻는 기쁨과 가치를 다시 발견하기를 바라며 여러분에게 하나의 선택지를 제시하는 따뜻한 대안이 되었으면 좋겠다. 매일 사람들이 모여 있는 즐거운 집, 나를 기다리는 사람이 있는 돌아가고 싶은 집. 멋지지 않은가?

세상을 바꾸는 우리의 집, 우주woozoo

우주는 다음과 같은 역할을 행할 것이다. 우리는 감히 세상을 바꿀 수 있으리라 믿는다.

첫째, 대학생 및 사회 초년생의 주거비 최소화 및 충분한 생활공간 제공으로 삶의 질을 향상한다. 특히 자취생 생활비 중 절반이 넘는 주거비를 줄이고 삶에 투자할 수 있도록 한다. 사회를 이끌어나갈 이들에게 혜택을 제공하고, 이들이 성장해 다시 사회를 위해 일하게 되는 선순환을 기대한다.

둘째, 자아 성장의 장으로서 집을 제공한다. 우주에서 같은 꿈을 꾸는 친구를 만나고 꿈을 이루기 위해 함께 노력하고 꿈을 이룬 이에게 멘토링을 받으면서 꿈을 실현해나가도록 지원한다.

셋째, 공유경제를 실천하는 현장이 되고자 한다. 공간을 공유하면서 타인과 함께하는 법, 공유를 통한 가치 창출에 앞장서고자 한다. 더불어 주거시장에 긍정적인 변화를 일으켜 가격은 낮추고 공간의 질은 높이고자 한다.

넷째, 친환경을 실천하고자 한다. 영국의 한 NGO 연구결과에 따르면 셰어하우스에 4인이 거주하면 1인 가구보다 연간 쓰레기 배출량이 평균 1톤 줄어든다고 한다. 앞으로 도시농업과의 연계, 친환경 식기 제공, 리모델링 시 친환경 에너지 활용 등 운영 또한 친환경을 꾀한다.

다섯째, 청년들의 행복한 삶에 기여하고자 한다. 같은 비전을 가진 동료들과의 교류를 통해 정서적, 심리적인 안정에 기여하여 외로움, 우울증 등 심리적인 질병을 예방할 수 있을 것이다.

(차례)

우주를 만든 사람들   10

프롤로그 셰어하우스 세대의 역습이 시작된다   16

Part 1   **우리 창업할까? NO! 집세 내기도 팍팍해요**

Step 1   1 대학생, 연애도 낭만도 없다   32

우주의   2 우리 같이 창업해볼래?   38

탄생   3 주거, 대학생 현실에서 끌어올린 문제의식   42

    4 우주의 탄생   50

    5 오케이, 한번 해보자!   54

Step 2   1 겁 없는 청년들, 휴학도 반대도 불사하다   60

우리   2 전국의 우주부동산 긴장하세요   64

주거 문제,   3 우주 1호점은 곧 우리의 사업 기획안   68

우리가   4 창업의 조건, 토론과 공유 그리고 즐거운 문화   72

나서자   5 서울시 공모전 실패의 경험   78

Step 3

무모하게
위대하게
함께 사는
집을 만들다

1	세상에 쉬운 일 하나 없다	86
2	우주가 만드는 집에는 뭔가 특별한 것이 있다	92
3	흉가의 역습, 당신의 집을 바꿔드립니다	98
4	우주의 건축학 개론 혹은 노가다	104
5	그렇게 해도 회사 운영이 되나요?	112
6	갈등의 서막! 인테리어가 뭐길래	118
7	갈등이 우리를 단단하게 하리라	124
8	셰어하우스 우주의 핵심 정책	130
9	8주간의 길고도 짧은 합숙 시간	134

Step 4

우주인을
모집합니다

1	마케팅도 남다른 저력으로 승부하다	142
2	우주인을 모집하는 아주 특별한 시간	150
3	우주인과 소통하기	154
4	명예 우주인, 셰어하우스 전문가 이태호 아저씨	158
5	박원순 시장님을 만나다	162
6	이제 한 달이면 뚝딱, 우주 최고 실행력	166

Part 2 **우리 같이 살까? OK! 새로운 주거를 꿈꾸다**

Step 5 1 원하는 집을 만들어드리겠습니다 174

주거 문제의 2 주거 '문제'를 넘어 주거 '문화'로 178

가려운 곳을 3 우리도 에어비앤비처럼 182

긁어주다 4 우주, 국제 무대까지 진출? 186

　　5 일본 셰어하우스 방문기 192

Step 6 1호점 예비 창업가를 위한 집 종로구 권농동 200

본격 해부! 2호점 미술가를 위한 집 중구 회현동 206

우주를 3호점 전통을 경험할 수 있는 집 종로구 돈의동 212

소개합니다 4호점 슬로 라이프를 위한 집 종로구 옥인동 218

　　5호점 공연을 즐기는 사람들의 집 마포구 서교동 226

　　6호점 여행을 좋아하는 사람들의 집 강북구 미아동 230

　　7호점 요리를 좋아하는 사람들의 집 동대문구 전농동 238

　　8호점 독서를 좋아하는 사람들의 집 마포구 현석동 244

　　9호점 영화를 좋아하는 사람들의 집 마포구 현석동 250

　　10·11호점 커피와 디저트를 좋아하는 사람들의 집

　　　　동대문구 제기동 256

　　그리고 우주는 계속된다 260

Step 7
우리는
우주인
입니다

1 콩고에서 온 우주인 1호의 편지   264

2 시간이 지나도 잊을 수 없는 우주인   270

3 새로운 사람을 만나는 즐거움, 함께 사는 든든함   274

4 집주인에 대한 안 좋은 편견을 버리자   278

5 프로젝트 OK, 우주도 OK, 우리도 OK   282

6 우주가 우리에게 남긴 몇 가지   286

7 우주를 밝혀준 인턴들의 활약   290

8 너 우주 알아? 나 요즘 거기에 푹 빠졌다!   296

부록 셰어하우스에서 살기 위해 알아야 할 것들   298
에필로그 우리가 만드는 문화, 우리가 꿈꾸는 집   304

PART

1

우리
창업할까?
NO!
집세 내기도
팍팍해요

STEP → 1
우주의
탄생

대학생, 연애도 낭만도 없다

2   우리 같이 창업해볼래?

3   주거, 대학생 현실에서 끌어올린 문제의식

4   우주의 탄생

5   오케이, 한번 해보자!

우리가 처음 만난 건 2012년 6월. 유통구조 등을 혁신해
저렴한 가격으로 보청기를 제공하는 소셜 벤처 '딜라이트
보청기'에서였다. 딜라이트 보청기는 청년 창업 소셜 벤처의
대표 주자다.

딜라이트 보청기 공동 창업자이자 당시 전략기획실장으로
일하던 김정헌, 딜라이트 보청기 영업팀장이던 조성신,
프랑스 파리 OECD 본부에서 인턴을 하다가 귀국해 딜라이트
보청기 인턴으로 합류한 계현철, 중국 교환학생을 다녀온
뒤 인턴으로 합류한 이정호, 제대하자마자 인턴으로 참여한
박형수. 그야말로 앞길 창창한 청년들이 모였다.

여담이지만 정식 인턴 채용 과정을 거친 이정호, 박형수
군과 달리 계현철 군은 당시 김정헌 실장이 OECD 포럼에
참여하려고 파리에 갔을 때 만나 스카우트한 경우다.
돌이켜보건대 스카우트라 쓰고 낚시라 읽는다.

모두 첫인상이 강렬해 지금까지도 생생하다. 날렵한 인상의
김정헌 실장은 인턴 채용 면접에서부터 날카로운 질문으로
쉽게 다가가기 어려운 사람이었다. 지금은 호형호제하지만
그때는 실장님이라는 말이 꼬박꼬박 입에 붙었다.

인턴 첫 출근 날, 조성신 팀장은 경영지원팀 사람과
언성을 높이며 말다툼을 하고 있었다. 인턴들은 '저 사람은
피해야겠다'라고 생각했다. 당시는 김정헌 실장과 조성신
팀장이 업무로 한창 신경전을 벌이던 때라고 한다.

계현철 군은 첫 만남에 가슴이 푹 파인 티셔츠를 입고 나와

알게 모르게 모두를 당황시켰는데 지금은 우주 패셔니스타로 인정받는다. 반대로 이정호 군은 '어쩐지 중국 교환학생이 잘 어울린다' 할 정도로 수수하고 성실한 인상이었다. 박형수 군은 누가 봐도 '전역한 지 얼마 안 되었구나' 할 정도로 군인 티가 역력했다. 이렇게 모두 개성이 제각각이었다.

이토록 다른 우리가 어떻게 우주를 함께 시작하게 되었을까? 우리는 인턴생활 두 달 동안 늘 식사를 함께했다. 하루는 김정헌 실장이 박형수 군에게 "야! 월급 받았으니까 오늘은 막내가 쏴라"라고 말했다. 그 대답이 우주가 생긴 계기가 될 줄은 아무도 몰랐다.

"실장님, 저 월급 받아서 월세 내고 밥 사 먹으면 용돈도 없어요. 요즘 집에 손 안 벌리는 것만으로도 다행이에요. 그래서 여자친구도 안 만들어요."

김정헌 실장도 농담으로 던졌고, 박형수 군도 장난스럽게 받았지만 거기에는 모른 채 넘어갈 수 없는 사회 문제가 숨어 있었다. 바로 대학생 주거 문제다. 잠시 박형수 군의 대학 신입생 시절로 돌아가보자.

서울로 대학을 다니기 위해 부산에서 갓 상경한 대학 1학년생. 처음 선택한 주거지는 학교 옆 하숙집이었다. 기숙사에 들어가고 싶었지만 추첨에서 떨어졌기 때문에 어쩔 수 없는 선택이었다. 하숙집은 싱글 침대 두 개가

우주의 탄생

들어가면 꽉 찰 만한 작은 방이었는데, 반지하라 빛이
안 들어오고 환기도 안 되었다. 그래도 나만의 방이라는
생각에 정을 붙여보려고 했지만 환경이 안 좋아서인지
건강도 나빠지고 대학 입학 전과 비교하면 사는 게 사는
게 아니었다. 하숙집 비용으로 한 달에 38만 원이나
지불했는데. 돈을 더 내더라도 좋은 곳으로 옮기고 싶은
생각뿐이었다. 한 학기를 버티다시피 하고 무리를 해서
보증부 월세인 원룸으로 이사했다. 방을 옮기던 날
집에서 혼자 축배를 들었다. 원룸 생활은 나쁘지 않았다.
보증금도 월세도 돈은 더 많이 들었지만 환경 자체는
비교가 안 될 만큼 좋았다. 하지만 외로웠다. 스스로
빨래하고, 요리하고, 청소하는 것도 힘들었지만 그보다
힘든 것은 같이 밥 먹을 사람도 대화할 사람도 없다는
적막함이었다. 혼자 있는 게 싫어서 집에 친구들도 자주
부르고 혼자 사는 동기 집에 찾아가 놀다가 하룻밤 자고,
혼자 있는 날에는 맥주로 잠을 청하곤 했다. 주변에
혼자 사는 친구들의 삶도 별반 다르지 않았다. 환경은
나아졌지만 생활은 계속 나빠지는 것 같았다.

"한 달에 월세로 얼마나 내냐?"
김정헌 실장이 물었다. 박형수 군이 "보증금 500만 원에
월 43만 원, 공과금은 별도"라고 답하자 다른 인턴들도

STEP → 1 우주의 탄생

공감하며 본인 혹은 주변 친구들이 겪는 이야기를 꺼내놓았다.
"야, 그래도 너는 잘 구했는데? 내 친구는 보증금 1,000만 원에
공과금 포함해서 50만 원씩 주고 살더라."
"내 친구는 돈 아끼겠다고 좁은 원룸에서 두 명이 같이 살더라."
"나는 집은 좋은데 사는 게 외롭다. 외로워서 미치겠다."
당시 인턴 중에 자취를 하는 사람이 세 명이나 되었는데, 모두
"도저히 못 살겠어요, 힘들어요"라고 입을 모았다. 이야기가
더 진행되면서 대학생 주거 문제가 얼마나 심각한지 깨닫는
계기가 되었다.
식사 자리는 토론의 장이 되었고 온갖 의견이 오가는 가운데
얻은 결론은 대학생뿐만 아니라 집을 떠나온 모든 이에게
생활은 언제나 고달픈 것이라는 사실이었다. 모두 다른 이유로
집을 떠났겠지만 '자신의 꿈을 이루는 것'이 궁극의 목표 아닐까.
꿈을 이루기 위해서는 돈이 필요하다. 대학에 다니려면
등록금을 내야 하고, 잠을 자려면 방세를 내야 하고, 배고픔을
달래려면 밥을 먹어야 한다. 그러다 보니 친구들과 함께하는
자리는 부담이 되고, 연애는 사치가 되어버렸다.
집을 떠나는 순간 꿈은 낭만이 아니라 현실과 마주하게 된다.
우리는 단순히 주거 문제에서 이야기를 시작했지만 젊은 세대가
당면한 현실에까지 눈을 떴다. 그렇게 우리가 나아가야 할
방향을 처음으로 인식했다.

1   대학생, 연애도 낭만도 없다

2   # 우리 같이
     # 창업해볼래?

3   주거, 대학생 현실에서 끌어올린 문제의식
4   우주의 탄생
5   오케이, 한번 해보자!

"집세 내고 생활비 하면 돈이 하나도 없어요."

우주 창업자 김정헌 대표는 점심 먹으며 나눈 이 말이 유난히 귀에 꽂혔다고 한다. "먹고사는 일부터 해결해주세요"라는 절실함으로 다가왔고 청년 창업가답게 이런 생각이 맴돌았다. '이걸 비즈니스로 풀어볼 수는 없을까?'

그때 답을 던져준 사람은 계현철 군이었다. 파리에서 6개월 동안 셰어하우스에 살던 때를 떠올렸다. 카페 같은 인테리어에 다양한 국적의 외국인이 함께 살면서 보낸 시간을 잊지 못했다. 한국에서도 젊은 친구들이라면 충분히 멋진 셰어하우스 생활을 만들어갈 수 있지 않을까?

"이거 대박인데?"

구체적으로 어떤 사업을 해야겠다는 생각을 한 것은 아니지만 수요가 매우 강력했다. '자취방에만 들어가면 너무 우울하다'는 대학생들의 글, 대학가의 열악한 주거 환경에 대해 연일 쏟아지는 기사를 보며 우리가 적절한 대안만 제시한다면 단순히 부동산 임대업이 아니라 젊은 사람들에게 핫한 주거 문화를 만들어줄 수 있을 것 같았다. 이때부터 누가 시키지도 않았는데 모두 우주의 밑그림을 그려나갔다.

처음부터 셰어하우스만을 염두에 둔 것은 아니다. 옥탑방 리모델링? 아니면 대학교 기숙사를 위탁 운영할 수는 없을까? 수많은 아이디어가 오갔다. 각각 아이디어의 타당성을 검증해보고 새로운 주거 문화를 만들려면 우리에게 필요한 역량이 무엇인지 고민하는 나날을 보냈다. 시간 외

근무는 부지기수였다. 2012년 막바지까지 신촌, 홍대, 종로, 회기, 영등포 일대의 부동산을 돌아다니면서 시장조사를 했다.

딜라이트 인턴이 끝나고 모두 학교로 돌아간 뒤에도 매일같이 모여 대학생 주거 문제를 어떻게 발전시킬 수 있을지 토론했다. 김정헌 대표는 외부에서 어떤 도움을 받을 수 있을지 물심양면 발로 뛰었다. 만나는 사람마다 재밌고 좋은 사업이라고 평가했지만 실체가 없다는 게 문제였다. 집도 없었고 집에 대한 지식도 전혀 없었다. 집을 구한다 해도 공사를 하면서 어떤 일이 벌어질지, 실제로 공동생활을 하면서 어떤 문제가 생길지, 눈에 보이는 게 없으니 우리 스스로도 믿을 수 없을 뿐더러 다른 사람들을 설득하기란 당연히 힘들었다. 그래도 시작하기로 했다.

막상 의욕은 충만했지만 김정헌 대표를 빼면 모두 대학생이었다. 집세 내기도 빠듯한 대학생인지라 집을 빌리는 큰돈이 들어가는 주거 사업을 시작하기에는 자금이 턱없이 부족했다. 이때 1호점 비용은 김정헌 대표가 감당하기로 과감히 결정했다. 김정헌 대표 주위 사람들은 무모한 도전이라며 너무 비현실적인 생각이라고 말렸다고 한다. 하지만 최상의 멤버라는 확신이 있었다. 사업 경험이 있고 의지할 수 있는 맏형 김정헌 대표와 시키면 뭐든지 다하는 열정의 대학생들이라는 최고의 조합.

"너희에게 다른 대학생들은 경험하지 못하는 최고의 경험을 제공하겠다. 그리고 나와 함께 일 년만 일하면 다른 학생들과 비교가 안 되는 내공을 쌓을 수 있을 것이다."

대학생 처지에 돈으로 투자를 할 수는 없었지만 사실 취업을 앞둔 시기이고 당장 수익이 나지 않는 일에 오랜 시간을 투자하는 것 또한 상당한 부담이었다. 그러나 김정헌 대표의 제안은 거절할 수 없을 만큼 강렬했다.

"구글은 초기에 주 130시간 근무했대."

우주의 초기 원동력 또한 다름 아닌 살인적인 근무 시간에 있었다. 벤처 기업의 성공 비결을 단 하나만 꼽자면 뛰어난 아이디어도 기술력도 아닌 철저한 노력이라는 데에 멤버 모두가 공감한다.

벤처는 기업이다. 아무리 아이디어가 좋아도 서비스가 실제로 고객에게 전달될 때까지 기업 활동이 끊임없이 이어져야 한다. 대기업이 벤처를 인수할 때에도 '고액 연봉에 콧대 높은 직원들이 저 일들을 어떻게, 언제 다 처리할 수 있을까? 그냥 사자!'라는 게 이유라는 이야기를 들은 적이 있다.

구글이 주 130시간 일했다 하니 우리는 주 100시간은 채우는 게 목표였는데 실제로 열 일 제쳐두고 아침부터 새벽까지 그 정도는 거뜬히 일한 것 같다. 공부를 이렇게 했으면 더 훌륭한 사람이 되었을까……

어쨌거나 이것이 우주의 첫걸음이자 가장 큰 한 걸음이었다!

1   대학생, 연애도 낭만도 없다
2   우리 같이 창업해볼래?

3
주거,
대학생 현실에서
끌어올린 문제의식

4   우주의 탄생
5   오케이, 한번 해보자!

"왜?"
세상의 많은 일들은 이 작은 의문에서 시작된다.
우리도 그랬다.
"왜? 사회는 급속도로 발전하는데 수많은 문제는
여전히 우리 주변을 가득 채우고 있는 걸까?"
"왜? 살기 좋은 세상을 만들어간다는 문구는
무수한데 아직도 해결되지 않는 문제투성이일까?"
"왜? 우리는 우리가 겪는 문제를 언젠가 누군가가
해결해주기만을 기다리고 있을까? 스스로 해결해나갈
방법은 없을까?"

현실은 녹록치 않다. 수많은 사회 문제는 근본적인
해결책을 찾아내기가 힘들다. 하지만 의외로 작은
고민이 세상을 바꾸는 커다란 나무로 자라날 수
있다. 그 문제를 직접 경험한 사람들이야말로 가장
활발하고 현실적인 대안을 제시할 수 있다.

우주의 시작도 그랬다. 세 명의 대학생과 소셜 벤처
창업을 경험한 두 사람, 다섯이 한 팀을 이루었지만
주거 문제에 관한 경험도, 든든한 사회 배경이 있는
것도, 효과적인 역할 분담이 가능한 것도 아니었다.
그러나 직접 겪은 문제라는 공감과 해결의 실마리를
찾고자 하는 집요한 고민으로 '새로운 주거 문화
창출'이라는 씨앗을 품을 수 있었다.

우리가 이 문제를 가장 잘 해결할 수 있는 사람이라고
생각하지는 않았다. 다만 아무도 시도하지 않은
방법으로 해결의 씨앗을 뿌리는 사람이 되리라
확신했다. 사과나무가 자라 세상으로 퍼져나갈 수
있기를. 우주는 대한민국 주거 문제 개선을 위한
씨앗을 키우는 맑고 신선한 물과 자양분이 되고 싶다.

STEP → 1　　　　　　　　　　　　　우주의 탄생

무슨 문제부터 해결해야 할까?

과연 우리가 문제를 해결할 수 있을까?

실행 단계에서 많은 시행착오가 우리를 괴롭혔지만 답은 분명하다. 당신이 생각하고 고민하는 만큼 문제는 이전보다 분명해질 것이고, 그에 맞게 당신이 행동하는 만큼 문제는 풀려나갈 것이다.

무엇보다 그 문제를 함께 공감하고 생각을 나눌 수 있는 사람을 찾아야 한다. 당신이 혼자일 때보다 같은 문제에 대해 고민하는 사람이 더 많아질수록 문제는 원활하게 풀릴 것이다.

우주가 상상하는 것은 누구나 살고 싶은 집이다.

우주가 해결하고 싶은 것은 외롭고 낡고 좁은 공간에 갇혀버린 젊은 세대의 주거 문제다.

목표가 서자 우리는 일주일 동안 자유롭게 고민하고 해결 방안을 찾아본 뒤 매주 목요일마다 아이디어 회의를 했다. 이렇다 할 안이 없을 때는 한 주 동안 새로운 주제를 다시 찾아보는 과정이 이어졌다. 모든 구성원이 피드백을 하면서 가능성이 있는 내용을 발전해나갔다. 수많은 아이디어가 오갔다.

그러다 스페인에서 한 인테리어 디자이너가 촬영한 영상을 발견했다. 주거 건물의 옥탑에 실용적이고 멋진 큐브하우스 형식으로 일종의 '땅콩집'을 세우는 작업이었다. 낮은 비용으로 옥탑 공간을 활용했다는 점에서 흥미를 끌었다. 옥탑이라고 하면 여름엔 덥고 겨울엔 추운 열악한 공간으로 자주 묘사되기에 개조하기에도 안성맞춤이었다. 2~3주간 시장조사를 하면서 희망에 가득 찼다. 어디든 옥탑방이 있었고, 대부분 열악한 공간이어서 '옥탑 개조 프로젝트'라는 아이템으로 충분히 수요가 있는 시장이라 확신했다. 구체적인 사업 실행을 위해 여러 규제 및 법적 절차를 조사하기 시작했다.

생각지도 못한 문제가 찾아왔다. 인터넷이나 지역
부동산을 통해 조사한 바로는 옥탑 건축물을 보수할
때 특별한 규제나 걸림돌을 찾을 수 없었다. 그런데
구청과 해당 관청 직원들에게 절차를 알아보던 중
주거용 옥탑 건축물은 모두 무허가라는 내용을 전해
듣게 되었다. '어떤 경우'에도 추가로 인/허가를 받는
것이 불가능하다고 했다.

약 한 달의 시간을 한 번에 무너뜨리는 청천벽력과도
같은 소식이었다. 억울하기보다도 허무했다.

처음으로 진행한 사업 구상이었기에 미흡한
점이 있을 수 있지만 이렇게 기초적인 부분에서
무너져버렸다는 사실에 기운이 빠졌다.

하지만 포기란 없다. 우리는 접근 방식을 바꿔보기로
결정했다.

새로운 도전

옥탑이 안 된다면 주택을 개조하자. 기존에 비용
문제로 아예 배제해두었던 주택 전체를 활용하기로
했다. 좀더 큰 비용이 드는 문제는 그만큼 수익을 낼
수 있는 모델을 만들어내는 것으로 극복할 수 있을
거라고 생각했다. 그야말로 근거 없는 자신감이었다.
제한을 거두니 두려울 것이 없었다. 그렇게 우리는
주택 공간을 아예 재구성하여 대학생 및 사회
초년생을 위한 셰어하우스를 만들기로 마음먹었다.
더불어 국내에 활성화되지 않은 셰어하우스 문화를
확산할 수 있겠다고 확신했다.

T!P ▶ 사업을 구상할 때 반드시 알아야 할 것

1 사업의 핵심을 가장 간결하고 직관적으로 정리해야 한다. 너무 많은 내용이 얽혀 있거나 애매모호하면 도리어 사업의 강점을 없애고 경쟁력을 떨어트린다. 어떻게 정리해야 할지 모를 때는 사업이 갖춘 역량을 쭉 나열한 다음, 중요도에 따라 순위를 매겨본다. 그 순위가 사업 로드맵이 된다. 핵심 가치가 무엇인지 구별하고 업무의 우선순위를 정하는 데에도 효과적인 방법이다.

2 핵심은 하나로 세밀하게 다듬어갈지라도 사업 모델은 다양한 각도에서 점검해야 한다. 어떤 변수가 생길지 모르기 때문이다. 먼저 일순위로 구상하는 모델에 관한 시장조사와 경쟁업체 분석, 혹은 벤치마킹 대상에 대한 조사를 충분히 해야 한다. 이는 사업을 진행하는 과정에서도 지속적으로 이루어져야 한다. 시장 동향과 새로운 아이템 파악은 자신의 역량을 갈고닦는 데에도 매우 중요하다.

3 사업을 구상할 때는 많은 발상이 산발적으로 나온다. 그때마다 내용을 정리해두어야 한다. 이후 사업 내용을 점검할 때 매우 유용한 자료가 된다. 또한 그 내용을 구성원과 자주 공유한다. 정리는 특정 형식에 얽매이지 않고 하루나 사건 단위로 하되 놓치지 않고 꾸준히 하는 것이 핵심이다.

4 매일매일 뉴스와 기사를 중심으로 정해진 키워드를 검색해 일자/제목/출처 등 일정한 틀에 맞춰 정리하고 구성원끼리 항상 공유하는 것 또한 시장 감각을 키우는 좋은 방법이다.

1   대학생, 연애도 낭만도 없다

2   우리 같이 창업해볼래?

3   주거, 대학생 현실에서 끌어올린 문제의식

4 # 우주의 탄생

5   오케이, 한번 해보자!

STEP → 1

한국형 셰어하우스. 바야흐로 우리가 시작하려는 사업의
핵심이다. 모델이 정해지면 가장 먼저 해야 할 일이 있다.
바로 이름 정하기. 구성원 대부분이 처음 회사를 시작해보는
터라 회사명을 정하는 게 가장 설레는 일이기도, 골치 아픈
일이기도 했다.

사실 애초에 옥탑을 사업 아이템으로 준비할 때 '프로젝트
옥'Project OK이라는 이름을 정해두었다. 옥탑의 '옥'에서
따왔으며, 주거 문제를 개선한다는 뜻의 한자 '집 옥'屋을
의미하며, 동시에 모든 문제를 해결한다는 'OK',
세 가지 의미를 지닌 이름이었다. 하지만 그것만으로는
셰어하우스에 대한 브랜드 이미지가 약하다는 생각이
들었다. 그래서 '피제이티옥'PJT OK은 우리의 법인명으로 하고,
셰어하우스에는 별도의 사업명을 부여하기로 했다.

많은 이름이 거론되었다. 하지만 '집'이나 '하우스' 단어에서
벗어나지 못한 채 뻔한 이름만 돌고 돌았다. 그러다 '우리의
집'이라는 의미를 변형해 '우주'라는 조합이 탄생했다.
처음에는 집 우宇, 집 주宙를 한자로 써서 집에 대한 의미를
직접적으로 나타내려 했는데 젊은층에 보다 친숙하게
다가가기 위해 공식 로고를 'WOOZOO'로 채택했다.
WOOZOO는 '우리의 집'을 뜻하는 브랜드로, 그 공간에
함께 살며 공간을 만들고 참여하는 모든 사람은 '우주인'으로
부르기로 했다. 우리는 단순히 주거 공간을 제공하는 임대
사업자가 되고 싶은 것이 아니다. '셰어하우스'라는 주거

문화를 제공하고 그 문화를 확산하고자 하는 우주인의
일원으로서 살아가려는 것이다.
수많은 별이 모여 이루어진 우주처럼 우주인들이 각자
자신의 능력을 하나하나 발휘해 참여하면서 공간이 구성되고
완성되기를 바랐다. 우리가 앞으로 만나게 될 모든 우주인을
통해 그 가치가 우주처럼 넓고 크게 성장해나갔으면 하는
바람 또한 담았다.

STEP → 1   우주의 탄생

T!P ▶ 셰어하우스가 좋은 이유

셰어하우스란 알다시피 한 공간을 여러 사람이 함께 사용하는 주거 형태이다. 공용 공간인 거실, 주방, 화장실을 제외하면 방을 비롯한 개인 공간이 보장된다.

유럽이나 미국에서는 이미 보편적이며 실제로 대학생이나 사회 초년생들이 셰어하우스 거주자의 가장 큰 비중을 차지한다. 세입자 입장에서는 보증금이 없거나 낮고 임대료 부담도 적어 부담 없이 지낼 수 있고, 집주인 입장에서는 보증금은 적지만 여러 세입자에게 세를 받으므로 높은 월세 수익을 기대할 수 있다.

한국은 서울에, 그조차 일부 지역에 인구가 집중되어 있어서 집을 구하기가 매우 어렵다. 또한 인구 집중 지역은 원룸이나 오피스텔이 대부분이라 주거에 대한 선택의 폭이 매우 좁다. 결과적으로 1인 주거 시설은 가격대가 매우 높거나 시설이 매우 열악한 극단의 현상을 보인다.

셰어하우스 문화가 정착된다면 기존의 불합리한 구조의 1인 주거 환경이 시설 면에서나 가격 면에서 개선되고 혼자 사는 외로움에서 벗어날 수 있는 대안이 될 것이다.

1 대학생, 연애도 낭만도 없다
2 우리 같이 창업해볼래?
3 주거, 대학생 현실에서 끌어올린 문제의식
4 우주의 탄생

5
오케이,
한번 해보자!

셰어하우스에 대한 가장 흔한 오해가 있다. 싼 만큼 타인과 공간을 쓰는 불편을 감수해야만 한다는 것, 그러느니 그냥 혼자 살고 말겠다는 것. 물론 무시할 수 없는 생각이다. 하지만 우리는 그 생각을 뒤집었다. 타인과 공간을 나눈다는 것을 '불편'이 아닌 '편리함'이라는 데에 초점을 맞췄다. 주거 문제를 정부의 정책처럼 주거비의 절대 가격에 중점을 두면 소득에 따라 대상자가 한정될 수밖에 없고 삶의 질이 무시되고 만다. 우리는 소셜 벤처로서 정부의 정책과는 달라야 하며 그들을 보완하는 대안이 되어야 한다는 사실을 늘 염두에 두었다.

여전히 대한민국에는 많은 주거 취약층이 있다. 그중에 우주가 집중한 계층은 대학생과 사회 초년생이다. 상대적으로 소득이 적어 주거 비용 부담이 크기 때문에 낡고 허름한 공간은 주로 그들 차지다. 비용도 비용이지만 사회에서 그들에게 제공하는 공간 자체가 턱없이 부족하다. 애초에 불합리한 구조다. 우주는 이를 해결하기 위해 직접 나선 스타트업이다. 물론 정부가 이러한 문제를 외면하고만 있다고 할 수는 없다. 다만 그들의 정책이 현실에 적합한지는 의문이다.

정부가 주거 취약층의 마음을 보듬지 못한다는 게 가장 큰 문제다. 일례로 국가에서 제공하는 주거 서비스는 소위 '가난의 경쟁'이라고 할 수 있다. 국가에서 많은 예산을 들여 기숙사형 집을 공급하고는 있지만 이는 '더 가난한'

사람을 선별하는 것처럼 보이며 젊은 사람들의 인식 수준을 따라가지 못하는 뒤처진 정책이다. 기숙사형 집에 입주한 사람들은 스스로를 가난하다고 인정하게 되고 이는 상실감과 박탈감을 유발하고 만다.

외국에서 오래전부터 성공 사례로 자리 잡은 셰어하우스가 특히 젊은 세대에게 호평을 받는 숨은 이유가 여기에 있다. 게다가 비용 문제를 뛰어넘어 셰어하우스는 젊은 사람들에게 커뮤니티라는 문화를 제공한다.

열악한 공간에서 혼자 고립되어 지내는 이들이 정서적인 면에서 부정적인 영향을 받는다는 점은 두말할 나위가 없다. 사람은 대화를 통해 자신의 이야기를 공유하고 타인의 이야기를 받아들이면서 성장하고 기뻐한다. 셰어하우스에서는 서로가 어울려 자연스럽게 일상과 삶을 공유한다. 가격을 넘어선 가치가 있다.

우주가 초기부터 집중한 부분이 바로 그것이다. 단순히 '좋은 시설'을 뛰어넘는 '좋은 환경'을 만드는 것, 합리적인 가격 안에서 말이다. 한국에서 거의 최초로 시도되는 일이라 우리도 처음에는 걱정을 했다. 뒤에 자세히 나오겠지만 우주 1호점을 열었을 때 전혀 다른 환경에서 지내던 사람들이 자연스럽게 어울려가는 모습을 보면서 우리의 걱정은 기우라는 걸 깨달았다.

길게는 같은 집에 사는 우주인들뿐만 아니라 우주 지점이 늘어나면서 전체 입주자들끼리 만남을 주선하는 등

네트워크를 강화하는 계획도 세웠다. 말하자면 사회적인 이웃을 확장해가는 것이다. 우주인들이 앞으로 한국을 이끌어갈 세대라는 것을 생각한다면 우리는 주거를 넘어 다른 집단에 있는 사람들과 자연스럽게 교류하고 사회생활을 하는 데 힘이 되어줄 수 있겠다는 그림을 그렸다.

이렇게 우주 창립 멤버들은 한껏 꿈에 부풀어 있었다. 이제 대망의 우주 1호점을 세우는 것이 우리의 과제였다.

그런데. 김정헌 대표를 빼면 당시 모두 취업을 준비해야 하는 대학생이었기에 이 만만치 않은 프로젝트를 실행하기 위해서는 당장 우리 앞에 닥친 현실부터 해결해야 했다.

STEP → 2
우리
주거 문제,
우리가
나서자

겁 없는 청년들, 휴학도 반대도 불사하다

2 전국의 우주부동산 긴장하세요

3 우주 1호점은 곧 우리의 사업 기획안

4 창업의 조건, 토론과 공유 그리고 즐거운 문화

5 서울시 공모전 실패의 경험

STEP → 2

우리 주거 문제, 우리가 나서자

우주가 만들어질 당시, 공동창업자 다섯 명의 평균 나이 26세.
요즘 남성 평균 취업 나이가 27.33세라고 하니 꽤 어린
나이다. 경험도 능력도 부족한 나이라고 할 수 있지만, 반대로
누구보다 열정 넘치는 나이라는 게 최대 강점이었다.
사실 처음부터 창업을 꿈꾸는 청년들은 아니었다. 김정헌
대표는 이전부터 딜라이트 보청기 공동창업자로 청년
사업가로 활약하고 있었고 워낙 사회적인 문제를 지속 가능한
사업으로 해결하는 것을 지상 목표로 삼은 사람이었다.
하지만 나머지 넷은 그렇지 않았다. 모두 대학생이었고
미래에 대한 뚜렷한 비전을 갖지 못한 채 졸업 후 남들 보기에
번듯한 직장을 갖는 것을 암묵적인 계획으로 세우고 있었다.
그렇지만 고민 없이 우주에 뛰어든 것은 아니다. 학업과
창업을 동시에 해내는 일은 생각보다 쉽지 않았다. 게다가
세 명은 졸업을 목전에 둔 4학년이라 학교생활 마무리에도
많은 시간을 투자해야 했다. 이 때문에 초기 설계가 중요한
창업과 학업의 균형을 맞추는 일이 가장 힘들었다. 결국
계현철 군과 박형수 군은 한 학기 휴학을 결정했고, 졸업
학점이 얼마 남지 않은 이정호 군과 조성신 군은 마지막
학기를 병행하기로 결정했다.
휴학도 쉬운 결정은 아니었다. 부모님을 설득하는 일이 가장
큰 난관이었다. 학생 신분이었기에 완벽하게 독립하지 못한
상황에서 부모님의 뜻을 거스르기란 힘들었다. 특히 계현철
군은 마지막 학기만을 남겨놓은 상황이어서 졸업을 미룬다는

꽤나 큰 결심을 내려야 했다. 그만큼 멤버 중 부모님 반대가
가장 컸지만 경험해보고 싶었고, 김정헌 대표가 그만큼
확신을 주었기에 완강한 부모님을 설득해냈다.

제각각의 개성을 지녔지만 공동창업자 모두가 경험을
두려워하지 않는다는 공통점이 있었다. 내 회사를
만들어간다는 경험은 누구나 쉽게 해볼 수 없는 것이기에
인생에서 좋은 기회였다…… 라는 것은 대외적인 멘트고,
좀더 솔직해지자면 우주를 시작하게 된 계기를 물을 때
하나같이 비슷하게 대답하는 재미있는 지점이 있다.
처음 주택시장에 대한 시장조사나 브레인스토밍을 시작할
무렵 누가 먼저랄 것도 없이 장난 반 진담 반으로 "일단
명함부터 파자"라는 말을 했다. 그러다 계 이사, 박 이사
등으로 부르기 시작했고 어느 날 눈앞에 명함이 놓여 있더니
자기도 모르는 사이 우주에 발을 담그고 있었다는 거다. 서로
세뇌당한 거라며 '우주가 늪'이라고 한 목소리로 대답한다.
하지만 그렇게 웃으며 말하는 눈빛에는 자신들이 직접
만들어낸 우주에 대한 애정이 어려 있다.

창업한 사람들을 만나보면 비슷한 이야기들을 한다. 창업의
시기에 대한 내용인데 창업을 '잘'하려면 회사경험과
사회경험을 쌓고 전문지식을 기반으로 한 안정적인 창업이
좋다는 이야기와 반대로 창업을 '대박' 내기 위해서는
한 살이라도 젊을 때 패기를 가지고 시작해야 한다는
이야기다. 후자를 경험한 우리로 보자면 사회경험도 노하우도

STEP → 2

부족했지만 그만큼 열정적으로 직접 부딪치며 경험을 쌓았고 뭘 몰랐기에 눈 딱 감고 저지를 배짱은 오히려 두둑했다. 창업을 한 번 경험한 김정헌 대표 주변에서는 왜 사서 위험을 부담하는지, 더 효과적인 방법을 선택하라는 우려가 많았다. 건축 디자이너나 부동산 관련 마케팅 전문가와 함께 창업하리라고 생각한 사람들이 대부분이었지만 김정헌 대표는 흔들리지 않았다.

처음부터 함께 문제를 고민해온 우주 창업 멤버는 서로에 대한 무한 신뢰를 바탕으로 힘을 모았다. 김정헌 대표는 창업을 시작할 때 전문적인 지식과 경험도 중요하지만 그보다 회사에 대한 애정과 열정, 집중할 수 있는 상황이 더 중요하다고 늘 강조한다. 주인의식을 가지고 회사의 앞날을 그려보고 끝없이 고민하고 거침없이 달려들고 실패하더라도 지치지 않고 다시 일어나 달릴 수 있는 에너지가 무엇보다 우선이라고. 겁 없이 덤볐지만 겁나게 배운 최고의 자산이다. 우주는 주변의 걱정이 무색할 정도로 엄청난 속도로 확장했다. 창업할 당시의 목표는 첫해에 5호점, 이듬해에 15호점이었지만 1호점을 연 지 반년 만에 8호점까지 열었다. 지금도 계속 늘어나고 있다. 말 그대로 젊은이들의 패기와 열정이 다른 모든 부족함을 채웠다. '대박'을 이끄는 패기, 이것이 앞으로도 우주를 이끌어갈 원동력이 되지 않을까?

1   겁 없는 청년들, 휴학도 반대도 불사하다

2   **전국의**

      우주부동산

      긴장하세요

3   우주 1호점은 곧 우리의 사업 기획안
4   창업의 조건, 토론과 공유 그리고 즐거운 문화
5   서울시 공모전 실패의 경험

STEP → 2

우리 주거 문제, 우리가 나서자

"이름이 좋다, 어떻게 지었나?"

우주가 언론이나 잡지에 조금씩 알려지면서 가장 많이 받는 질문이다. 지금에서야 하는 말이지만 이름은 작명作名보다 해명解名인 것 같다.

이름 짓기에 골머리를 썩었다는 얘기는 앞서 살짝 언급했다. 거기에 얽힌 사연을 자세히 소개한다. 창업을 준비하는 사람이라면 알아둘 만한 일화다.

사실 이름을 결정하기까지 한 달이나 걸렸다. 그 사이 그냥 셰어하우스로 상표등록을 해서 우리가 이름을 독점해버릴까도 싶었지만 시시한 생각이 들었다. 그러다 계현철 군이 '우주'를 생각해냈다. 처음에는 딱히 마음에 들지 않았지만 별다른 대안이 없었기에 모두 동의했다. 이럴 때 여성 멤버가 필요하다며 괜한 평계를 대기도 했다. 그때는 정직하게도 사업명 우주에 각 지점을 수성, 금성, 지구, 화성…… 태양계 행성으로 별칭을 달면 좋겠다는 의견이었다. 당시에는 설마 우리가 운영하는 집이 아홉 개가 넘을까 싶었다. 그러다 우주라는 이름에 확신을 가지게 된 결정적인 계기가 생겼다. 박형수 군이 인터넷에서 우주의 어원을 찾아보더니 딱 우리가 원하는 의미라는 것이다. 우주의 한자어 집 우宇, 집 주宙는 집의 기틀이 되는 천장과 기둥을 뜻한다. 집에 누워 위를 바라보면 시야는 천장과 기둥으로 꽉 찬다. 이는 무한함을 상징하는 우주의 어원이 되었다고 한다. 우주woozoo에 거주하는 우주인들이 이 집에 살면서 더 큰 사회로 나아갈 준비를 한다는 뜻과도 맞아떨어졌다.
인터뷰를 할 때마다 이 이야기를 들려주면 다들 좋은
이름이라고 감탄한다.

그러나 절묘하게 맞아떨어진 것조차 모두가 치열하게
고민한 결과였다. 우리가 우주라는 이름에 만족하며 드디어
상표등록을 하기로 한 날이었다. 설마 주거 분야에서
누가 이 이름을 쓰겠느냐며 자신 있게 특허청 홈페이지를
찾아봤다. 우주부동산이 있었지만 문제가 없을 거라고
생각했다. 변리사 사무실에 전화해 상표등록을 문의하니
예상 밖에 불가능하다는 답이 돌아왔다. 우주부동산은
중개업이고 우리는 주거 사업이라 엄연히 다른데 왜 안
되느냐고 물었지만 특허청에서 관리하는 카테고리에 부동산
분야는 중개와 주거를 포괄하는 한 분야라고 한다. 한달을
고민했는데.

아, 그보다 이미 다 떠벌려놨는데.

모두 하던 일을 멈추고 몇 시간 토론 끝에 이름을 사수하기로
결심했다. '우주부동산'은 상표등록만 되어 있고 배타적
권리(일정한 이익을 향유하도록 법이 인정하는 힘)를 행사하지 않아서
어쩌면 부동산을 하다 폐업한 분의 소유일지도 모른다는
판단에서였다. 조사해보니 명의자와 연락이 닿아 다음 날
바로 약속을 잡았다. 전날 대책 회의를 통해 "대학생을 위한
주택 사업을 하고 있으니 실비만 받고 양도해주실 수 있는지
부탁해보자"라고 작전을 짰고, 우리로서는 꽤 거금을 들여

STEP → 2

홍삼 선물세트까지 구입했다.

역시 세상은 호락호락하지 않았다. 우주부동산 상표 소유주는
무상 양도는 안 된다고 했다. 무려 홍삼 선물세트의 10배가
넘는 금액이 필요했다. 나중에 알게 됐지만 부동산 상표를
수십 개 보유한 분이었다. 세상 공부 하나 추가했다. 비보에
모두 망연자실했다. 돈을 벌기도 전에 쓸 일만 생긴다고
한숨을 쉬었지만 결국 상표를 사기로 했다.

이후에는 일사천리로 진행됐다. 상표 소유주는 관련 업무에
해박해 변리사 없이도 직접 상표 양도 계약과 등록 절차를
마무리했고, 우리가 할 일은 절차가 정확히 진행되는지
확인하고 돈을 지불하는 일밖에 없었다. 일 처리가 끝나자
내내 냉정했던 전 소유주가 밝게 웃으며 악수를 청했다.
그제야 학생들 고생했다며 해장국 한 그릇을 사주셨다.
영화 『타짜』에서 "돈 잃으면 속 쓰리니 해장국 한 그릇하고
가라"는 장면이 떠올랐다. 속은 좀 쓰렸지만 우리는 드디어
공식적으로 우주라는 이름의 소유주가 되었다.

이 과정이 있었기에 이름에 대한 좋은 반응과 더불어
셰어하우스 우주가 번창할 수 있었다고 생각한다. 한편으로는
그때 홍삼 10세트에 달하는 비용 때문에 더 열심히 일해서
지금까지 잘 견뎌온 것 아닐까 싶기도 하다. 지금도 힘들 때면
"만약에 우리 망하면 전국에 100개가 넘는다는 우주부동산에
상표 사용료를 받자"라며 농담을 한다. 전국의 우주부동산
사장님들, 긴장하세요.

1   겁 없는 청년들, 휴학도 반대도 불사하다

2   전국의 우주부동산 긴장하세요

3   # 우주 1호점은 곧 우리의 사업 기획안

4   창업의 조건, 토론과 공유 그리고 즐거운 문화

5   서울시 공모전 실패의 경험

STEP → 2   우리 주거 문제, 우리가 나서자

1호점을 찾는 일은 생각보다 힘들었다. 대망의 첫 공간인
데다 임시 사무실로도 써야 했다. 셰어하우스 기준에
맞으려면 서너 명이 살 수 있을 만큼 공간이 충분해야 하고
가격도 우리가 감당할 수 있는 수준이어야 했다.

처음 집을 알아보러 다닐 때는 치열한 발품과 지독한 땀과의
전쟁이었다. 시장조사를 겸해 인터넷을 통해서도 손품을
팔아 닥치는 대로 방을 살펴보고 다녔다. 처음에는 대학 밀집
지역인 신촌과 회기동 일대를 다녔다. 한 걸음만 내디뎌도
땀이 비 오듯 쏟아졌지만 누구도 대신해줄 사람이 없었다.
그렇게 며칠을 다니다 우연히 한옥을 개조한 집을 방문하게
되었는데, 정말이지 이거다 싶었다. 깨끗하고 좋은 시설은
아니었지만 그 집만의 특별한 분위기에 매료되었다. 아담한
마당에, 지붕은 낮았지만 한국의 전통 기와가 꽤 운치 있었다.
집 안에서 창을 통해 하늘을 볼 수 있고 비 내리는 날이면
빗소리를 들으며 마당에서 비 구경을 할 수도 있었다. 현대식
집만큼 편리하지는 않겠지만 집이 오랜 시간 품어온 숨이
느껴졌다. 집이 지닌 낭만이란 이런 게 아닌가 싶었다.

그때부터 우리는 1호점을 한옥에 한정해 찾아보기 시작했다.
그런데 서울에 한옥집이 별로 없다는 걸 알게 됐다. 대부분은
이미 보수공사를 해서 일부 현대적으로 바뀌었거나 아니면
형태를 알아볼 수 없을 만큼 허물어져 방치되어 있었다.
하지만 우리가 누군가. 포기를 모르고 여기까지 온 우주다.
옥인동, 통인동, 통의동, 누하동 일대 부동산을 모조리 뒤져

한옥 매물을 찾아다녔다. 또 한번 좌절을 겪었다. 그나마
한옥이 남아 있는 서촌, 그러니까 우리가 찾아다닌 지역은
최근에 사람들의 발길이 많아지면서 가격이 너무 비싸거나
크기가 맞지 않는 등 우리에게 맞는 집을 찾을 수가 없었다.
일주일 넘게 한옥만 찾아 헤맨 끝에 창경궁에서 걸어서 3분
거리에 위치한 한옥집을 찾게 되었다. 이전에 국악을 하는
인간문화재가 살던 집이라고 했다. 동네가 조용했고, 주변에
한옥 게스트하우스도 있어서 마음에 들었다. 집 바깥으로 난
큰 길은 조선 시대에 왕의 길로 쓰였다고 한다. 그렇다면
그 정기를 받을 수 있지 않을까!
집주인 아저씨도 우리가 하고자 하는 일을 듣고 기꺼이
승낙했다. 적당한 가격에 합의가 되었다. 마침내 우주의,
우주를 위한, 우주에 의한 첫 번째 집을 계약했다.

STEP → 2   우리 주거 문제, 우리가 나서자

T!P ▶ 포기할 수 없었던 우주 1호점의 절대 조건

1. 사대문 안, 서울 한복판이어야 한다.
2. 한국인의 로망, 한옥이어야 한다.
3. 동네의 매력을 느끼며 산책하기에 좋아야 한다.

1   겁 없는 청년들, 휴학도 반대도 불사하다

2   전국의 우주부동산 긴장하세요

3   우주 1호점은 곧 우리의 사업 기획안

4   # 창업의 조건, 토론과 공유 그리고 즐거운 문화

5   서울시 공모전 실패의 경험

STEP → 2

우리 주거 문제, 우리가 나서자

우주를 창업하면서 가장 큰 힘이 된 것은 끊임없는
토론이었다. 창업을 결심하기까지 각자의 어려운 결정을 마친
뒤 우리는 시작이 반이라는 말을 굳게 믿고 싶었으나 웬걸
겨우 창업 노트의 첫 장에 '우주'라는 제목만 썼을 뿐 앞으로
빈 노트를 채우기 위해 해야 할 일이 수도 없이 남아 있었다.
법인을 설립하기 전 두세 달 동안은 시장조사에만 매달렸고,
뚜렷한 체계 없이 수시로 닥치는 일들을 처리해나갔다.
우주가 지금의 모습을 갖춘 것은 그나마 1호점을 계약하고 난
뒤였다. 대학생 창립 멤버 모두가 겨울방학을 맞은 그 두 달
동안 많은 결정이 이루어졌다. 그동안 마땅한 사무실 없이
전전하던 우리에게 1호점은 첫 기획안이자 사무실 역할을
해주었다. 드디어 한곳에 정착해 일을 할 수 있게 된 것이다.
우주 창립 멤버는 흥미롭게도 모두 다른 성향과 관심사를
가지고 있어 일을 하다 보니 자연스럽게 역할 분담이 되었다.
창업과 사회생활 경험을 바탕으로 회사의 기틀을 잡고
전반적인 조율을 해나가는 것은 김정헌 대표가, 브랜드
이미지를 만들거나 디자인을 계획하는 창의적인 부분은
계현철 군이, 재무와 법률 및 행정 업무는 이정호 군이,
각 지점에 관한 실무와 우주인 선발 등은 박형수 군이 맡았다.
그리고 마케팅은 영업팀장으로 일한 경험이 있는 조성신
군이 합류해 도맡았다.
각자 주요 업무는 나뉘었지만 모두 경험이 적었기에 언제나
함께 브레인스토밍을 했다. 되도록 회의 시간을 많이

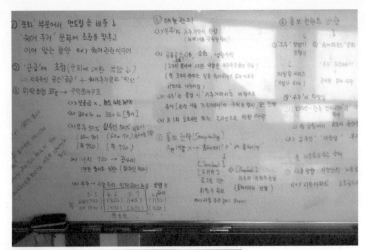

STEP → 2

우리 주거 문제, 우리가 나서자

가지려고 노력했다. 우주 창업을 통해 우리는 함께 일하는
사람들과의 소통이 얼마나 중요한지 깨달았다. 혼자 고민하고
결정하려면 책임에 막중한 부담을 느끼고 아이디어가
떠오르지 않아 괴로울 때도 많지만 같이 얘기하다 보면
누군가 툭 내뱉은 말 하나도 의외로 좋은 의견일 때가 많다.
자신 없이 내놓은 의견도 누군가의 지지를 받으면 시너지가
나서 더 좋은 방향으로 발전하는 경험을 했다.
매일매일 그날의 회의 주제를 정해 함께 결정해나갔다.
1호점의 위치, 집을 수리하기 위한 예산, 수리 방법, 마케팅
방법, 주요 대상자, 우리가 원하는 우주인의 모습까지 논의할
수 있는 것은 무엇이든 세세하게 이야기를 나눴다.
우리도 처음부터 토론과 회의에 익숙한 것은 아니었다.
김정헌 대표에게 초기에 가장 많이 지적받고 혼쭐이 난
부분이기도 하다. 시간을 내어 회의를 하고 싶은 내용이
있으면 그 주제에 대해 주최자가 충분히 고민하고 조사한
다음 의견을 나누거나 조언을 구해야 하는데 사전 고민 없이
회의 자리에 앉으면 쓸모없는 시간이 되어 그 시간을 버리게
된다는 것이다. 이 덕분에 단단히 훈련이 되었다.
혈기 왕성한 젊은이들이 동업을 하면서 늘 폭풍 회의를
연속하다 보면 싸우거나 감정이 상한 적은 없었는지 질문을
많이 받는다. 회사에서도 아이디어 회의나 업무 회의에서
의견 충돌이 생기면 감정이 상하기도 하고 심한 경우에는
앙숙이 되기도 하니까.

그런데 우리는 신기하게도 감정이 상하거나 싸운 적이 한 번도 없었다. 물론 열띤 토론을 하다 보면 언성이 높아지기도 하지만 우주에 대한 애정이라는 것을 알기에 돌아서면 금세 이해가 되었다. 책을 쓴다고 좋은 이야기만 늘어놓는 게 아니다. 정말이다.

그렇게 점점 업무 양이 늘어나고 우주의 틀이 잡혀가면서 전만큼 자주 토론하고 회의를 하지는 않았지만 이미 서로 익숙해지고 사전에 합의한 부분이 많아서 결정이 수월했다. 그리고 의견을 나누고 싶거나 회의가 필요하면 언제든지 스스럼없이 모여서 이야기할 수 있는 회사 분위기가 만들어졌다.

우리는 언제나 "재미없으면 안 한다"라는 말을 달고 지냈다. 일반 회사에서 느끼는 불만이나 스트레스가 전혀 없을 수는 없지만 젊은 회사, 작은 회사에서 누릴 수 있는 장점은 최대한 지켜나가려고 노력했다. 무엇보다 함께 일하는 사람이 즐거워야 한다는 원칙을 세웠다.

우리 중 한 명이 생일을 맞으면 다 같이 쉬고 영화를 보러 가거나 맛있는 걸 먹으러 가기도 하고 가끔은 너무 덥거나 일하기 싫은 날 익숙한 공간을 벗어나 시원하고 분위기 좋은 카페에서 일을 빙자해 수다를 떨기도 했다. 우리는 어디든 서로 이야기할 수 있는 공간만 있으면 그곳이 일터라고 생각했다.

당시에는 특별히 좋은 줄 모르고 지냈는데 지나고 보니

STEP → 2   우리 주거 문제, 우리가 나서자

그렇게 함께 몰려다니며 이야기하고 회의하고 토론하던 시절이 우주의 황금기가 아닌가 싶다. 하나같이 열정적이고 즐거웠고 우주에 대한 관심으로 눈이 반짝였다.
앞으로는 우주에서 다른 이들도 함께 일할 테고 다른 프로젝트를 진행할 수도 있지만 우주가 존재하는 한 끝까지 이 모습을 유지할 수 있었으면 한다. 늘 젊고 즐거운 회사, 좋은 느낌을 주는 회사로.

1   겁 없는 청년들, 휴학도 반대도 불사하다

2   전국의 우주부동산 긴장하세요

3   우주 1호점은 곧 우리의 사업 기획안

4   창업의 조건, 토론과 공유 그리고 즐거운 문화

5

서울시 공모전
실패의 경험

STEP → 2

한번은 우주 사업을 객관적으로 바라볼 수 있는 기회가 있었다. 서울시에서 주최하는 '혁신형 사회적 기업 선발'과 SK에서 주최하는 콘테스트 '세상'이 그것이다. 그때까지는 내부에서만 논의하고 결정했기에 스타트업이자 소셜 벤처로서 외부 평가를 받아보고 우주를 알리고자 하는 목적도 있었다. 사실 활동 지원금으로 나오는 상금이 탐나기도 했다. 대부분의 공모전은 상금이 있고 비슷한 주제와 방식으로 진행되므로 한 번 잘 준비해두면 여러 번 활용할 수 있다는 장점이 있다. 청년 창업가들에게 공모전이나 창업 대회는 여러모로 좋은 기회이므로 주기적으로 정보를 알아두는 것이 좋다.

마침 두 공모전의 마감이 하루 차이였고 준비 자료가 거의 비슷해서 한 번에 진행할 수 있었다. 우리에게는 우주를 공식적으로 소개하는 첫 자리였기에 설립 목표와 사업 모델, 재무 구조, 비전까지 구체적인 회사 계획서를 작성했다. 지원을 위한 행정 절차를 갖추느라 그동안 회사로서 부족했던 우주의 행정 문제를 처리하는 좋은 기회가 되었다.

그런데 시작할 때는 분명 공모전까지 여유가 있었는데 어느새 시간이 흘러 흘러 마감이 코앞에 다가왔다. 아마도 많은 스타트업이 계획적으로 시간을 쓰고 마감을 지키는 일에 익숙하지 않을 것이라 생각된다. 하지만 사회생활을 할수록 마감이 얼마나 중요한지 알게 된다.

한 가지 조언을 하자면 행정 서류나 절차에 대한 경험이 없는

STEP → 2   우리 주거 문제, 우리가 나서자

학생이나 초기 스타트업이라면 무조건 주변 전문가에게 도움을 청하는 것이 현명한 방법이다. 우리도 경험했듯이 행정 서류는 열심히 한다고 잘 만들어지는 내용이 아니다. 그러므로 오래 쥐고 고민하기보다는 빠른 조언을 구하는 게 좋다.

시행착오 끝에 마감 시간에 거의 이르러서야 서류를 제출했다. 그제야 잊었던 피로와 배고픔이 몰려왔다. 이미 우리 손을 떠났기에 마음 편히 기다리기로 했다. 스타트업에게 창업 초기에는 여유를 부릴 시간이 없기 때문에 기다리는 시간에 얽매어 초조해지지 않도록 애써 무심한 척 우리의 업무로 돌아왔다. 나름 최선을 다해 준비했기에 내심 기대했다.

결과 발표는 서울시, SK 순이었다. 서울시 발표가 있던 날, 우리는 일찍부터 번갈아가며 발표 공지 게시판을 들락거렸다. 외부 평가를 받는 첫 도전이었기에 무척 긴장했다.

그러나 결과는 탈락.

애써 마음을 다잡았지만 실망은 결코 작지 않았다. 말하자면 첫 실패의 쓴맛을 보았기에 이어 발표될 SK '세상' 공모전에 대한 자신감도 급격히 떨어졌다. 이때 처음으로 우리가 바라보는 사업 내용과 다른 사람이 객관적으로 혹은 비판적으로 바라보는 사업 내용이 크게 다를 수 있음을 절감했다. 사업이란 언제나 내부 시각에서 벗어나

객관적으로 점검할 필요가 있다는 것을 배웠다. 우리는
스스로를 포장해 익숙하고 좋은 점만 바라볼 공산이 크기
때문이다.

따라서 서울시 공모전 탈락은 우리의 부족함을 깨닫는
기회였고, 자칫 너무 빠른 사업 진행에서 놓칠 수 있는 점을
되짚어보게 해주었다. 그렇게 자기반성의 시간을 갖던 중,
SK 공모전의 결과가 발표되었다.

이미 기대를 내려놓았던 우리에게 감사하게도 최종 결선
10팀에 뽑혔다는 좋은 결과를 전해주었다. 함께 선발된
9팀에는 이름만 들어도 알 만한 규모 있는 사회적 기업도
있었다. 결선 진출을 통해 현업에 종사하는 전문가의
멘토링을 받을 수 있었다. 그리고 SK '세상' 홈페이지에
소개되어 다양한 사람들과 교류할 수 있는 기회를 갖게
되었다.

우리처럼 전문가나 외부와 교류가 쉽지 않은 소규모
스타트업에게는 정말 좋은 기회다. 생각지 못한 조언으로
그동안 우리가 확신하지 못한 고민들을 덜어내기도 했다.
가장 취약했던 수익 구조에 관한 전문가의 코칭을 받고
나서 사업 모델도 대폭 수정되었다. 만일 공모전에 나가지
않았다면 스스로 사업 모델을 수정할 수 있는 좋은 기회를
갖지 못했을 것이다.

우리 같은 청년 창업가에게 딱 한 가지만 말해달라고 한다면
최대한 많은 사람을 만나 자신이 하는 일에 대해 알리고

의견을 들으라는 것이다. 백 번을 말하더라도 백 번 모두 같은 이야기를 할 수 있을 만큼 사업에 관한 확실한 정립 또한 필요하다. 결과적으로 사업을 발전시키는 데에 큰 도움이 된다. 많은 스타트업이 간과하는 부분이므로 거듭 강조한다.

STEP → 3

무모하게
위대하게
함께 사는
집을
만들다

세상에 쉬운 일 하나 없다

2 우주가 만드는 집에는 뭔가 특별한 것이 있다
3 흉가의 역습, 당신의 집을 바꿔드립니다
4 우주의 건축학 개론 혹은 노가다
5 그렇게 해도 회사 운영이 되나요?
6 갈등의 서막! 인테리어가 뭐길래
7 갈등이 우리를 단단하게 하리라
8 셰어하우스 우주의 핵심 정책
9 8주간의 길고도 짧은 합숙 시간

STEP → 3　　　　　무모하게 위대하게 함께 사는 집을 만들다

우주를 창업하며 막막했던 점은 한두 개가 아니지만 가장
걸림돌이 된 것은 공교롭게도 '젊은 나이'였다. 부동산 분야는
조직적이고 보수적이어서 변화를 주도하기가 쉽지 않았고
이해 관계자들이 대체로 나이가 많았다. 게다가 창업자 모두
부동산 관련 지식이 많지 않아서 한순간도 문제에 부딪치지
않은 적이 없을 정도다. 청년들에게 열정을 강요한다고
하지만 우리에게는 정말 열정으로 노력으로 웃음으로
풀어나가는 방법밖에 없었다.

무엇보다 우주의 사업 모델을 설명하는 데 어려움을
겪었다. 셰어하우스라는 발상은 간단했지만 사람들을 말로
이해시키기가 쉽지 않았다. 실체가 없다 보니 우리로서도
구체적으로 비용이 얼마나 들지, 완성된 셰어하우스는 어떤
모습일지, 가격은 얼마로 책정해야 할지, 우주인은 얼마나
지원할지 등 의문이 남았다.

그래서 가장 시급한 것이 1호점을 만드는 일이었다. 사례가
필요했다. 해결 방법은 1호점을 만드는 과정에서 발생하는
모든 일을 사례로 정립해나가는 것뿐이었다. 관건은 우리
사업을 이해하는 부동산을 찾아 집주인과 계약하는 일과
공사 비용이 얼마나 들지 가늠하는 일 두 가지였다. 처음
부동산에 찾아가 "집을 리모델링해서 셰어하우스 사업을
하려고 합니다. 방 두세 개 있는 허름한 주택이 있으면
보여주세요"라고 말하면 "대체 뭐하는 애들이냐? 어디서
약을 팔아?" 하는 눈빛으로 무시를 받았다.

우주는 일종의 전대 사업이기에 집주인이 반드시 동의를
해야 하는데 부동산에 집주인의 전대 동의가 꼭 필요하다고
요구하면 대부분은 귀찮아했다. 게스트하우스 등의 사업은
집주인의 동의 없이 진행되는 일이 많다. 하나하나 합의를
이끌어내는 과정은 사업을 확장하는 데 장애물이 되거나
더디게 하는 장본인이지만 우리는 최대한 합법적으로 사업을
하고 싶었다.

대학생이 사업한답시고 집을 보러 다니니 못 미더워하는
부동산 중개인과 집주인이 많아서 나중에는 최대한 나이
들어 보이게 복장을 갖추는 등 웃지 못할 숨은 노력을 했다.
나중에는 뭐 하는 사람이냐고 물어보면 사업한다는 얘기는
빼고 "건축학과 대학원생인데 교수님이 진행하는 프로젝트
실무를 돕고 있다"라고 답했다. 의외로 이런 시나리오가
먹혀서 부동산 중개인이나 집주인의 경계를 푸는 데 도움이
되었다.

어렵게 부동산 중개인을 설득해 집을 보러 다녀도 문제였다.
원하는 조건의 집을 찾기가 어려웠다. 조건이 맞는다 싶으면
가격이 비싸거나 집주인과 협상에서 파투가 나기 일쑤였다.
집주인까지 잘 설득해도 부동산 계약을 할 때 주거용 임대
사업을 위한 전대에 동의해주십사 문구를 넣어달라는 부탁을
하면 사업이라는 단어를 듣는 순간 거부감을 보였다.
"게스트하우스 하려는 거 아니냐?" "젊은 애들 여럿이
모여 살면 시끄럽다" "보증금 사기 치려는 거 아니냐?"

"인테리어를 새로 한다니 무슨 짓을 하려는 거냐?" 등
별 말을 다 들었다. 어떨 때는 '나 같아도 안 하겠다' 할
정도로 집주인 입장이 이해되기도 했다. 퇴짜를 받은 횟수가
열손가락을 넘어서고부터는 세지도 않았다.

부동산 찾는 일에 혈안이 되어 길 가다가 빈집처럼 보이면
주소지를 적었다가 등기부등본을 떼어보기도 했다. 나중에
휴대전화 요금에 등기부등본 열람료가 참 많이도 나왔다.
그렇게 둘러본 집 가운데 지금도 인상에 남는 곳은 영화
『건축학 개론』에 나온 누하동 한옥이었다.

이렇게 발로 뛰는 과정이 헛되지는 않았다. 막막함을
줄여가는 과정이었고 우주의 여러 지점을 개발하는 데
큰 도움이 되었다. 부동산 중개인과 집주인을 설득하기
위해 관련 지식과 법률을 많이 공부했고 우주인뿐만 아니라
집주인의 입장도 알게 되었다. 이 노력은 훗날 우주 3호점
계약에서 꽃을 피웠다.

종로구 돈의동에 위치한 3호점은 한옥집으로 소유주가 두
명이었다. 계약하기까지 과정만 2주가 걸렸다. 그러고도 계약
당일에는 소유주 두 명, 기존 세입자 두 명, 부동산 중개인
한 명, 우주 진행자 한 명까지 여섯 명이 부동산에서 모여
무려 다섯 시간 협상을 벌였다. 계약의 구체적인 내용을 밝힐
수는 없지만 각자가 원하는 바가 다르고 한 치의 양보도 하지
않아 힘들었다. 당시 협상을 진행한 박형수 군이 마지막으로
임대차 계약서에 도장을 찍고 나올 때 부동산 중개인이 "내

아들을 학생처럼 키우고 싶네"라고 말했을 때의 성취감은
이루 말할 수 없었다고 한다. 형수 군은 이 일이 우주를
진행하는 데 버팀목이 되었다며 무용담처럼 이야기하곤 한다.
큰 산을 넘었다고 생각했는데 집을 계약하는 일은 공사
비용을 조절하는 일에 비하면 오히려 쉬웠다. 공사 비용
문제는 지점을 오픈할 때마다 늘 힘들었다. 이제야 밝히는
사실이지만 처음 우주를 계획할 때 우리가 집수리를 위해
책정한 총 리노베이션 비용은 약 500만 원이었다. 당시
시장조사를 했을 때 불가능하다는 사람도 있었으나 누군가는
가능하겠다는 말을 덥석 믿고 잡은 예산이었다. 500만 원에는
바닥이나 벽지 등 시공뿐만 아니라 가구 및 가전제품 구입
비용까지 포함되어 있었는데 지금 와서 생각해보면 무조건
불가능한 금액이다. 지금은 노하우가 쌓여 다양한 디자인
그룹과 합리적인 기준을 두고 일한다.

STEP → 3　　　　　무모하게 위대하게 함께 사는 집을 만들다

낡은 집을 수리하는 일은 생각보다 긴장되었다. 1호점 리노베이션을 시작하자 결국 예산은 훨씬 초과되었지만 그 과정을 하나하나 지켜보면서 공정별로 비용이 얼마나 드는지 낱낱이 알게 되었다. 인테리어 공사를 할 때는 인건비 비중이 꽤 높다. 한번은 1호점 철거 공사를 하는데 인건비는 네 명으로 산정하고 현장에서는 실제로 두 명이 작업하는 것을 적발해 비용을 줄인 적이 있다. 그 뒤로는 꼼꼼하게 각 공정을 확인한다.

많은 분들이 건축이나 실내디자인을 전공하지 않고 어떻게 공사를 진행하는지 물어보면 "디자인과 시공을 담당하는 분은 따로 있다. 우리는 그저 모든 공정을 지켜보며 돈을 써야 할 곳과 쓰지 말아야 할 곳을 적절히 선택한다"라고 말한다. 하지만 이것을 지키는 일조차 꽤 어려운 과정이다. 지점마다 인테리어를 위해 추가하거나 빼는 것은 반드시 생기지만 철거, 목공, 도장, 설비, 바닥 시공은 필수이다. 그래서 1호점에서 얻은 경험을 바탕으로 이후에 어떻게 비용을 줄일 수 있을지 끊임없이 고민했다. 그러다 보니 디자인과 시공을 담당하는 디자이너와 의견이 다를 수밖에 없는데 공사를 할 때마다 우리가 태클을 많이 걸어서 죄송할 따름이다.

우주를 진행하면서 겪는 어려움은 대부분 현장에서 생기지만 재미있게도 그 답 또한 현장에 있다. 현장에서 땀 흘리고 먼지 들이키고 욕을 먹다 보니 노하우가 쌓여갔다.

1 세상에 쉬운 일 하나 없다

2 # 우주가 만드는 집에는 뭔가 특별한 것이 있다

3 흉가의 역습, 당신의 집을 바꿔드립니다
4 우주의 건축학 개론 혹은 노가다
5 그렇게 해도 회사 운영이 되나요?
6 갈등의 서막! 인테리어가 뭐길래
7 갈등이 우리를 단단하게 하리라
8 셰어하우스 우주의 핵심 정책
9 8주간의 길고도 짧은 합숙 시간

STEP → 3 무모하게 위대하게 함께 사는 집을 만들다

우연처럼 시작된 일이었지만 우주 1호점을 한옥집으로 선정하면서 우리에게는 앞으로 만들어나갈 지점에 대한 기준이 생겼다. '함께 산다는 것'에 대한 가치뿐만 아니라 '집이라는 공간의 본래 의미'를 되살리자는 것이다. 그동안 단순한 임대 사업자가 아니라 사회 문화에 기여하고 새로운 가치를 만들어내고자 치열하게 고민하던 우리의 주파수가 우연을 놓치지 않았다고도 할 수 있다.

지겹도록 퇴짜 맞은 끝에 찾아낸 1호점이 세 달 동안 주인 없이 비어 있었다는 이야기를 듣고 집이 우리를 기다리며 텔레파시를 보낸 게 아닐까 하는 생각도 들었다. 우리는 일반 세입자와는 다르게 긴 계약 기간과 집의 구조를 바꾸는 대공사가 필요한 골치 아픈 세입자였음에도 1호점 집주인께서 젊은이들이 좋은 일 한다며 흔쾌히 승낙해주셨는데, 그동안의 고생을 보상받는 기분이었다. 그렇게 우리는 '사람들의 관심에서 밀려나 버려졌으나 옛집의 정취를 느낄 수 있는 낡은 한옥을 젊은이들에게 되돌려주자'라는 기준으로 집을 찾아나갔다. 특히 김정헌 대표는 한국의 옛 서울인 사대문 안쪽에 있는 집이었으면 좋겠다는 나름의 기준을 고수했다. 셰어하우스 우주 지점이 종로에 많은 까닭이다.

말 그대로 종로는 낡았고, 젊은 사람이 별로 살지 않는 동네였다. 최근에는 북촌이나 서촌, 삼청동 일대의 한옥이 카페나 갤러리 등으로 부상했지만 그로 인해 오히려

무모하게 위대하게 함께 사는 집을 만들다

살기에는 적합하지 않은 동네로 멀어지고 있는지도 모른다.
하지만 그마저도 상업 공간으로 바뀌는 곳은 극히 일부고
넓은 종로구 전체를 들여다보면 너무 낡아 비어 있는 공간이
많았다. 주거 공간은 대체로 어르신들이 살고 있어 시간이
멈춰버린 듯한 분위기를 자아냈다. 누군가에게는 대책 없는
동네일수도 있겠지만 우리에게는 황금의 땅처럼 기회가
가득한 동네로 보였다.

서울시 주택난이 심하다고 하는데 이렇게 사용되지 않는
공간이 많다는 사실 또한 아이러니였다. 대체로 개발이
어려운 서울 도심에 위치하며 집주인도 투자나 리모델링의
목적으로 집을 소유하기보다 그저 오래전부터 살던 집인
경우가 많아서이기도 하다. 수리비도 부담되고 그렇다고
처분하기도 어려운 상황. 그러다 보니 동네가 활기를 잃었다.
그렇다면 우리가 생기를 불어넣고 공간을 살릴 수 있겠다
싶었다.

실제로 우주 지점들을 만들면서 처음에는 공사 소음과 생각지
못한 변화에 귀찮다는 듯 말씀하시던 동네 어르신들도
젊은이들이 뚝딱거리며 뭔가를 만들어내자 점점 관심을
갖고 동네에 활력의 불씨가 된 것 같다고 좋아하셨다. 나중
일이지만 특히 4호점이 위치한 종로구 옥인동 일대는 빈집이
많은 동네인데 우주와 이웃한 집주인들이 주변 집을 모두
우주로 바꿔 골목을 아예 새롭게 바꿔보자는 제안을 해주어
현재 논의 중이다. 그렇게 된다면 정말 의미 있고 멋진 일

아닌가.

오래된 동네를 철거의 대상이나 재개발 공간으로만 바라보지 않았으면 한다. 서울은 어느덧 아파트 숲으로 뒤덮이고 고층 건물 사이로 시야가 가려지고 있다. 개발도 좋지만 정취 있고 온기가 느껴지는 동네도 보존되어야 한다. 너무 차갑거나 뜨겁게 변한 도시에서 익숙하고 따뜻하게 적당한 온도를 맞춰줄 수 있는 한적한 동네가 그립다. 우주가 그런 도시 만들기에 앞장섰으면 한다.

그동안의 과정을 돌아보면 우주 지점의 위치를 어떻게 정하느냐는 질문을 많이 받았다. 답은 간단하다. 사실 우리도 1호점을 열고 집을 찾아갈 때 동네 골목 사이를 자주 헤맸다. 누가 찾아오기라도 하면 설명하기 곤란해 마중을 나가곤 했다. 그래서 변명처럼 집 앞을 걸으며 골목을 둘러보고 손님을 맞아줄 수 있는 곳이면 충분하다고 대답한다.

아, 물론 접근성을 아예 배제하는 것은 아니다. 지하철이나 버스 정류장에서 너무 먼 곳은 교통이 불편하니 보통 걸어서 15분 이내 거리로 선정한다. 예비 우주인들은 걱정 마시라(깨알 홍보)!

STEP → 3   무모하게 위대하게 함께 사는 집을 만들다

T!P ▶ 통인시장에 가보셨나요?

우주는 지점을 선정할 때 집 주변의 풍경도 중요하게 생각한다.
특히 4호점과 가까운 통인시장은 종로구에 유일하게 남은
재래시장으로 무척 인상적인 장소라 특별히 소개할까 한다. 서울
곳곳의 재래시장들이 입지를 잃고 점점 허물어져가는 시기에
종로구는 통인시장을 살리기 위한 사업을 실시했다. 또한 시장에
지붕을 세워 실내 시장 형태로 사용자의 편의를 높였다. 더불어
시장에 단순히 물건을 사러 오는 게 아니라 추억을 만들 수 있는
프로그램을 개발해 문화 공간으로 바꾸어놓았다.
시장 관리사무소를 설치하고 통인시장에서 사용할 수 있는
엽전을 만들었다. 시장에 있는 가게에서 엽전으로 저렴한 가격에
반찬을 사서 도시락처럼 먹을 수 있다. 관리사무소 2, 3층은
도시락을 먹을 수 있는 공간과 카페가 마련되어 가족 나들이뿐만
아니라 연인들의 데이트 코스로도 자리를 잡았다.
덧붙여 경복궁 큰길에서 통인시장을 가로질러 넘어가는 누하동은
옛 마을의 고즈넉한 정취와 더불어 '대오서점' 같은
옛 공간이 아직도 남아 있다. 어릴 때 해지는 줄도 모르고
쭈그리고 앉아 놀던 문방구 앞 작은 오락기가 웃음 짓게 한다.
통인시장은 우주가 추구하는 가치와도 맞닿는다. 새로운 공간
디자인을 통해 문화를 만들고 공간을 되살아나게 한 좋은
사례이기 때문이다.

1   세상에 쉬운 일 하나 없다

2   우주가 만드는 집에는 뭔가 특별한 것이 있다

3   # 흉가의 역습, 당신의 집을 바꿔드립니다

4. 우주의 건축학 개론 혹은 노가다

5   그렇게 해도 회사 운영이 되나요?

6   갈등의 서막! 인테리어가 뭐길래

7   갈등이 우리를 단단하게 하리라

8   셰어하우스 우주의 핵심 정책

9   8주간의 길고도 짧은 합숙 시간

STEP → 3   무모하게 위대하게 함께 사는 집을 만들다

여기서 잠깐. 집의 의미와 도시 문화를 되살리는 일도 중요하지만 이 모든 과정에서 가장 중요하다고 할 수 있는 주체를 짚고 넘어가자. 바로 임대인, 그러니까 집주인이다. 아무리 좋은 취지여도 그들의 동의와 지원이 없으면 불가능한 일이기에 집주인을 설득하는 게 관건이었다. 패기로만 되는 일이 아니었다. 집주인의 입장을 고려한 발상의 전환이 필요했다.

처음 셰어하우스를 만들기 위해 임대인과 미팅을 했을 때의 반응은 그야말로 철저한 무관심이었다. 사람들은 셰어하우스가 무엇인지 관심이 없었고, 젊은 학생들이 사회적 가치 운운하자 장난하느냐는 식의 반응이었다. 수십 번 협상의 실패를 반복하면서 깨달은 것은 임대인에게 가장 중요한 것은 수익이라는 것이다. 우리에게도 중요한 사실을 환기해주었다. 스타트업에서 자칫 간과하기 쉬운 것이 수익에 관한 부분인데 사회적 기업이든 일반 기업이든 기본은 '수익을 내는 구조'여야 한다는 점이다. 그래야 재투자나 환원도 가능하다.

우리는 임대인의 마음을 파악하기 위해 많은 조사를 했다. 집을 소유해볼 수는 없는 노릇이었기에 집을 가진 이들의 입장이나 무엇을 가장 중요하게 생각하는지 알기 위해 각종 자료를 섭렵하며 공부했다. 2012년 현재 대한민국에서 집을 소유한 사람들은 베이비부머 이상의 세대로, 그들 중 대부분은 전체 자산에서 부동산이 차지하는 비율이 70퍼센트 이상이나 되었다.

부동산 자산은 안정적이지만 유동적이지 않다는 단점이 있다. 즉 현금화할 수 없다는 뜻이다. 집주인들에게 부동산 자산의 한계를 극복해 현금 수익을 창출한다는 점을 강조하면 될 일이었다. 셰어하우스 우주는 기본이 월세이므로 일부러 끼워맞추지 않아도 맞아떨어졌다. 다만 집주인에게는 다소 장황하게 느껴질 수 있는 우주의 취지를 설득하려던 방법에서 그들의 가려운 곳을 긁어주는 것으로 설득의 방법을 바꾸었다. 결국 같은 이야기지만 결과는 달랐다. 집주인 입장에서도 낡은 한옥이나 단독주택은 애물단지였다. 너무 낡아서 임대가 어렵거나 저렴한 가격에 임대를 하면서 재개발을 기다리는 경우가 대부분이었다. 그렇다면 재개발을 기다리는 동안 부동산을 매매 용도가 아닌 임대 수익을 창출할 수 있는 자산으로 용도를 바꾸는 게 어떻겠느냐고 제안했다. 게다가 우리가 깨끗하고 예쁘게 수리를 해주기 때문에 집의 가치는 더 올라갈 터였다. 집주인 입장에서는 마다할 이유가 없었다. 그러고 나자 집주인은 셰어하우스 우주의 사회적 가치에 대해서도 인정하고 일조한다는 자부심을 가졌다. 이 사실을 좀더 일찍 깨달았다면 좋았겠지만 발품과 생고생이라는 수업료를 톡톡히 치렀다. 3호점까지는 철저히 시행착오를 겪었다. 4호점 정도 되어서야 원활하게 일을 진행할 수 있었다. 임대인의 마음을 읽고 높은 월세 수익을 얻을 수 있는 방식으로 계약을 순조롭게

STEP → 3   무모하게 위대하게 함께 사는 집을 만들다

체결했지만 우리에게는 여전히 과제가 남아 있었다. 입주자들에게 월세가 부담으로 작용해서는 안 되었기 때문이다. 고민은 점점 세밀하게 다듬어졌다. 보증금을 최소화하고 입주자들에게 단 몇 만 원이라도 높은 월세에 대한 만족감을 주기 위해 집의 특성과 이용 가치를 더 높이고자 했다. 공간 디자인에도 더 투자했다. 결과적으로 집주인과 우주인 모두 큰 만족을 얻었다. 이를 눈으로 확인하자 이후부터는 같은 방식으로 계약을 진행했고 대성공이었다. 우주가 발전해가는 모습에도 큰 보람을 느꼈다.

2014년 현재, 우주가 10호점 이상 성장하면서 한옥과 단독주택뿐 아니라 아파트도 대상으로 한다. 임대인 입장에서는 세입자 한 명에게 빌려주는 것보다 셰어하우스에 투자하는 것이 훨씬 이롭다. 집이 비어 있는 상태를 방지할 수 있고 우주가 시설 관리를 대행해주므로 늘 사람이 생활할 수 있는 깨끗한 상태가 유지되며 더 높은 월세 수익이 보장되기 때문이다.

본질은 같다. 흔한 말이지만 항상 고객 입장에서 생각하는 것이다. 그리고 가려운 곳을 정확히 긁어줄 것. 우주도 그렇게 시작되었으니까.

STEP → 3

무모하게 위대하게 함께 사는 집을 만들다

1   세상에 쉬운 일 하나 없다

2   우주가 만드는 집에는 뭔가 특별한 것이 있다

3   흉가의 역습, 당신의 집을 바꿔드립니다

4   **우주의**

    건축학 개론

    혹은 노가다

5   그렇게 해도 회사 운영이 되나요?

6   갈등의 서막! 인테리어가 뭐길래

7   갈등이 우리를 단단하게 하리라

8   셰어하우스 우주의 핵심 정책

9   8주간의 길고도 짧은 합숙 시간

STEP → 3   무모하게 위대하게 함께 사는 집을 만들다

지금부터는 생생한 현장 분투기다. 돈이 없어서 몸으로 때웠다는 눈물 없이는 들을 수 없는 공사 현장 분투기. 무모하기로는 우리를 따라갈 사람이 없을 거다. 부동산과 건축에 관련된 사업을 시작하면서 두 분야에 일가견은커녕 아무런 지식도 없었으니 말이다. 그래서 정말 생고생을 했다. 하이라이트는 역시 집 공사다. 우리 중 누구도 리모델링이나 기본 공사 순서조차 몰랐기에 전적으로 외부 전문가의 의견을 그대로 수용할 수밖에 없었다. 다행히 뜻을 함께하는 디자인팀을 만나서 원활하게 진행할 수 있었지만 그래도 당사자인 우리가 현장이 어떻게 돌아가는지 모른다는 점은 사업을 하면서 상당히 우려되는 부분이었다.

특단의 조치를 내렸다. 공사를 함께하기로 했다. 비록 손이 익숙하지 않은 우리가 참여해 작업 속도가 늦어지기는 했지만 공사할 때 가장 큰 비중을 차지하는 인건비를 절약하고 수업료를 면제받았다는 점에서 옳은 판단이었고 좋은 경험이었다.

요즘은 직접 공사에 참여하지는 않지만 처음 두세 번의 현장 경험으로 무리 없이 관리할 수 있게 되었다. 처음엔 낯설던 인테리어 공사 용어들을 척척 구사하게 되자 건축 좀 했다 하는 사람들도 우리에게 "와, 공부 좀 하셨나 봐요!"라고 할 정도다. 기억에 남는 에피소드를 소개한다.

STEP → 3   무모하게 위대하게 함께 사는 집을 만들다

날카로운 첫 집의 추억, 1호점

역시 1호점을 만들면서 가장 고생을 많이 했다. 첫 창업,
첫 공간, 첫 공사인 만큼 하고 싶은 것도 욕심도 많았다.
하지만 눈앞에 놓인 집은 쉽게 정복할 만한 대상은 아니었다.
마당은 시멘트로 덮여 있고 공간은 여러 개의 벽으로
나뉜 구조라서 여럿이 함께 살기에는 적합하지 않았다.
그래서 중간 벽을 제거했더니 드러난 집의 외부 벽면은
낡고 허물어서 구멍이 숭숭 뚫려 있었다. 최대 난관은 한옥
서까래를 드러내려고 천장 벽을 철거했을 때다. 너무나 오래
방치되어 기대했던 모습과 달랐다. 철거가 끝난 다음 현장에
방문한 박형수 군이 우리에게 보낸 단체 문자는 이랬다.
"큰일 났어요. 우리 망한 것 같아요."
처음엔 장난인 줄 알았는데 달려가 보니 눈앞에 펼쳐진
천장은 그야말로 장난이 아니었다. 시공팀장조차 이건 돈을
줘도 못하겠다며 그냥 다시 덮자고 하는 바람에 모두 절망에
휩싸였다. 결국 믿을 것은 남는 게 힘밖에 없는 20대인 우리의
열정뿐이었다.
"저희가 직접 하겠습니다!"
호기롭게 외쳤다. 마스크를 쓰고 서까래를 일일이 사포로
갈고 니스칠까지 하자 어느 정도 노출 천장의 모습을
갖추었다. 이후에도 여러 마감 작업이 필요했다. 특히

천장은 다시는 손대고 싶지 않을 정도로 힘들었다. 특별한
기술이 필요 없는 단순 작업은 모두 우리 몫이었다. 벽면
페인트칠부터 마당과 현관에 데크 설치하기 등 손이 모자라면
친구들을 불러 짜장면 값으로 눙쳤다.

간단하게 생각한 페인트칠마저도 벽을 고르고 여러 번
색을 덧입혀야 해서 한마디로 쉬운 일이 없었다. 싱크대도
새것으로 바꾸면 편했겠지만 비용이 만만찮아서 기존
싱크대에 칠을 해 리폼했다. 마당과 현관의 데크는 설치하고
나니 가끔 기분 전환을 위해 올라가 휴식할 수 있는 공간이
되어 뿌듯했다. 그렇게 넓지 않은 집인데도 공사는 예상보다
오래 걸렸다.

전문가의 손길에 비하면 턱없이 부족한 실력이지만 집을
완성하고 나니 정말 뿌듯했다. 예술가들이 자기 작품을
아끼듯이, 우리가 손수 만들어낸 공간에 대한 애착이 정말
컸다.

지독한 벽돌 3천 장의 추억, 3호점

우리가 직접 공사에 참여한 두 번째 집은 3호점이다.
1호점과 길 건너 걸어서 5분 거리에 있는데 1호점에 대한
소문이 주변에 퍼지면서 부동산에서 먼저 연락이 와 인연을
맺었다. 3호점은 1호점보다 훨씬 넓고 튼튼하게 지어진 데다
마당을 둘러싼 'ㄷ자' 공간이 전통적인 한옥의 모습이었다.
집 상태가 좋아서 공사가 어렵지 않을 거라 생각했다. 또한
우주 사무실로 쓸 만한 공간도 있어서 기대감을 갖고 공사를
시작했다. 이번에는 웬만한 작업은 전문가에게 맡기고 우리는
공사 감독과 일정 확인을 하면서 소소한 작업만 돕기로 했다.
소소한 작업이란 이를테면 벽돌 쌓기. 한옥은 본채와 별채로
되어 있었는데 본채는 비어 있었지만 별채에는 할머니 한
분이 살고 계셨다. 이 동네에서 한평생을 살아오셨고 지금도
동네가 좋아 일부러 자식과 떨어져 지내신다고 했다. 그래서
마당에 본채와 별채를 나누는 벽돌 담장을 세우기로 했다.
슬픈 예감은 틀린 적이 없다지만 좋은 예감은 뒤통수를 친다.
이게 엄청난 일이 될 줄은 상상도 못했다. 벽돌 쌓기 전날
잠 푹 자고 작업복 챙기고 마음 단단히 먹고 아침 든든히
먹고 일찍 나오라는 말을 들었을 때 눈치 챘어야 했는데
눈치가 없었다. 아침에 골목 어귀에 쌓인 벽돌 3천 장을 보기
전까지도 까맣게 몰랐다.

STEP → 3   무모하게 위대하게 함께 사는 집을 만들다

절망적인 표정으로 벽돌을 바라보는 것도 잠시 벽돌을
일일이 나르기 시작했다. 3호점에 다다르는 골목길은 차가
들어갈 수 없어서 골목 어귀부터 집까지 직접 들고 날라야
했다. 벽돌 하나가 그렇게 무겁다는 것과 3천이라는 숫자가
얼마나 큰 수인지 그때 처음 알았다. 평소에는 집까지 그리
멀지 않은 골목길이 그렇게나 멀다는 것도 처음 알았다.
처음에는 제법 들떠 있던 우리는 벽돌을 나를수록 말수가
적어지고 발걸음만 옮겼으며 유체 이탈을 경험했다. 지금은
너무나 견고하고 예쁘게 마당 한쪽에 자리 잡은 담장을
보면서 3호점에 놀러온 사람들에게 무용담처럼 전하는
이야기가 되었다. 결과적으로 멋진 담장이 탄생한 것은
기쁘지만 두 번은 못하겠다는 심정을 이제야 밝힌다.
그 밖에도 3호점 곳곳에는 우리 손길이 많이 닿아 있다.
집에 맞게 나무 선반이나 테이블을 제작했는데 기본 제작은
목수에게 맡겼고 마감 및 도색은 우리가 직접 했다. 이 덕분에
알뜰한 비용으로 많은 수납공간과 테이블을 짜 넣었다.
3호점의 공용 공간은 한동안 우리가 사무실로 사용하기도
했다. 종로구 뒷골목을 따라 전통 한옥 대문을 열면 마치 다른
공간으로 순간 이동한 듯한 기분이 드는 곳, 이런 예쁜 집이
우리 손을 거쳐 만들어졌다는 게 가끔은 신기하다.

1 세상에 쉬운 일 하나 없다

2 우주가 만드는 집에는 뭔가 특별한 것이 있다

3 흉가의 역습, 당신의 집을 바꿔드립니다

4 우주의 건축학 개론 혹은 노가다

5 그렇게 해도 회사 운영이 되나요?

6 갈등의 서막! 인테리어가 뭐길래

7 갈등이 우리를 단단하게 하리라

8 셰어하우스 우주의 핵심 정책

9 8주간의 길고도 짧은 합숙 시간

STEP → 3   무모하게 위대하게 함께 사는 집을 만들다

우리가 비용을 아끼려고 이렇게 저렇게 고군분투를 해온 것은
역시 회사를 운영하려면 비용이 만만치 않기 때문이다. 소셜
벤처 또한 기업이므로 자선사업이나 봉사활동이 아니기에
건강하고 튼튼한 재무구조를 확보하는 것이 가장 큰 과제다.
갑자기 왜 창업을 꿈꾸는 젊은이들 기를 죽이냐고? 읽고 나면
다시 살아나실 거다.

우주를 시작하면서 이런 소리 참 많이 들었다.

"돈 있나? 돈 되나?"

그러면 우리는 자신 있게 대답한다.

"네, 됩니다!"

나름대로 일본 셰어하우스를 방문해 벤치마킹하고 현실적인
운영 가능성을 확인하고 시작했다. 지금은 우주의 재무구조를
염탐하거나 배우려고 찾아오는 분들도 있다. 당연히
환영한다. 한국에 셰어하우스 문화가 정착하고 발전하기를
바라기 때문이다. 다만 셰어하우스가 단순히 수익 창출을
위한 부동산 상품이 되는 것보다는 건강하고 재미있는 주거
문화의 대안으로 자리매김하기를 바란다.

우주는 주식회사 형태로 운영된다. 창업 멤버 모두 경영학을
공부했지만 경영이라는 게 이렇게 손이 많이 가고 힘든
일인지 몰랐다. '비용 최소화 노동 최대화'라는 우주 원칙
아래 법인 설립부터 사업자등록, 각종 등기 업무까지
내부에서 직접 담당했다. 이정호 군이 경영지원을 맡았는데
학교에서 배운 상법이 사회구조 안에서 기업에 어떻게

적용되는지 배웠다고 뿌듯해하곤 했다. 동시에 태어나서
돈을 가장 많이 써봤다는 후문이다.

창업을 할 때 돈 관리는 정말 중요하다. 특히 셰어하우스
우주는 부동산 사업이라는 특성상 초기에 거액의 투자금이
필요한 반면 월 수익은 적어서 자금 관리가 핵심이다. 우리는
각 지점 당 손익분기점을 18개월 이내로 정하고 임차 및
공사를 한다. 이렇게 기준을 정하고 지점을 개설하면 월 고정
수익을 산정할 수 있어서 그 안에서 회사 운영비를 충당한다.
우주 비용 관리에서 가장 힘들었던 점은 리모델링
공사의 수위를 정하는 일이었다. 지점 하나하나가 우주의
얼굴이므로 당연히 비싸고 좋은 자재를 쓰고 싶지만 비용에
한계가 있기 때문이다. 뒤에서 자세히 소개하겠지만 그래서
이 과정에서 가장 마찰이 많았고 효과적인 의사소통이
절실했다.

더불어 비용 관리의 핵심은 선택과 집중이다. 당연한 이야기
같지만 의외로 자주 놓치고 실수를 범한다. 창업을 준비하면
처리해야 할 수많은 일이 생긴다. 이때 비용을 아끼려고
뚝심으로 다 해결하겠다고 생각하면 금방 지친다. 업무
우선순위와 투입을 고려해 직접 할 일과 비용이 들더라도
업체에 맡겨서 처리할 일을 선별해야 한다.

우주 등기 업무는 이정호 군 몫이었는데 주소지 변경 같은
단순 업무는 문제없었지만 투자를 받고 증자등기를 하는
업무에는 무척 애를 먹었다. 준비해야 하는 서류도 많고

무모하게 위대하게 함께 사는 집을 만들다

처음이라 계속되는 보정 요구에 등기소를 네 번 이상 방문하기도 했는데 그때 받은 스트레스와 들인 시간을 생각하면 차라리 법무사 사무소에 맡기는 게 효율적이라고 조언한다. 아직 업무가 미숙한 스타트업에게는 흔히 일어나는 일이라 참고할 만하다.

우주도 처음에는 미숙한 것투성이였다. 비용 산정도 막상 현실과 차이가 많이 났고 자재를 구매할 때도 실수로 비용을 낭비하기도 했다. 뼈저리게 반성하며 일을 배웠다. 김정헌 대표가 뒤에서 받쳐주며 수업료를 대신 부담해주기도 했다. 더불어 스타트업에게 유용한 창업 지원금도 든든히 한몫을 했다.

요즘 창업 관련 정부지원금에 관한 관심이 뜨겁다. 잘 활용해보자. 이때 각 지원금 공고에서 중요하게 다루는 점을 부각해 사업계획서를 작성하는 것이 관건이다. 업종에 따라 지원 항목이 다르니 잘 살펴봐야 한다. 창업 지원금은 우주 운영에도 큰 도움이 되었다. 다른 스타트업들도 적합한 제도를 찾아 성심성의껏 지원해보면 좋겠다.

우주의 실질 운영에 큰 도움이 된 몇 가지 지원제도를 소개한다.
우주는 비록 규모는 작지만 정부지원사업, 서울시 공유기업
인증, 임팩트 투자 등 다양한 도움을 받으면서 성장할 수
있었다. 우리의 힘만으로는 절대 이룰 수 없었기에 항상 감사한
마음이다. 다른 분들에게도 조금이나마 도움이 되기를 바란다.

서울시 공유기업 인증사업 요즘 화제가 되는 공유경제는
서울시에서 '공유 도시 서울'이라는 슬로건 아래 관심을
받고 있다. 서울시는 공유경제를 촉진하는 기업을 평가해
공유기업으로 인증하고 다양한 혜택을 제공한다. 홍보비 지원,
박람회 홍보 기회, 광고 촬영, 행정지원 등을 포괄한다. 좋은
서비스가 있어도 홍보에 미숙한 회사에게는 좋은 기회이다.

창직인턴제도 중소기업청에서 운영하는 제도로 IT 혹은
문화산업에 관련된 벤처회사에 인턴의 급여를 지원해주는
사업이다. 세 달 동안 두 명의 급여 50%(80만 원 한도)를
지원해주므로 창업 초기 스타트업에 정말 유용하다. 인턴들은
근무를 희망하는 회사에서 업무 경험을 쌓으면서 배울 수
있어서 좋고 만약 인턴이 창업을 해서 사업자등록을 한다면
추가 지원금이 나온다. 투자 대비 매출이 없는 벤처 초기에
도움이 되는 사업으로 우주에도 큰 힘이 되었다.

중소기업청 창업선도대학 육성사업 중소기업청에서 각 대학의
창업지원센터에 벤처회사를 인큐베이팅할 수 있도록 도와주는
정부사업이다. 우주는 임대관리 애플리케이션 개발 항목으로
연세대학교 창업지원단으로부터 창업지원비 3,500만원이라는
거금을 지원받을 수 있었다. 이 사업의 가장 큰 장점은 6개월

동안 창업지원센터 교수진의 멘토링을 받을 수 있다는 점이다. 경험 부족과 인맥 부족이라는 한계를 극복할 수 있기 때문이다. 더불어 6개월 동안 사무실을 지원받아 창업 초기에 매일 카페를 떠돌던 우리에게 따듯한 보금자리가 되었다.

임팩트 투자

요즘 임팩트 투자가 많이 회자된다. 임팩트 투자란 수익률뿐만 아니라 사회적인 가치 창출을 평가해 자금을 지원한다. 우주는 임팩트 투자기관인 '미스크'MYSC로부터 첫 투자를 받는 영광을 얻었는데 도시 주거 문제 해결에 대한 대안을 인정받아 지분투자를 받았다. 임팩트 투자는 금전 지원뿐만 아니라 투자기관에서 기업 경영에 대한 전문적인 노하우를 제공해주기 때문에 든든한 내 편이 생긴다는 점이 가장 큰 매력이다. 그리고 부동산 사업은 자금을 대출받는 과정이 필수인데, 투자를 받은 경험은 공신력을 높게 평가받을 수 있는 좋은 지표가 되어 낮은 금리로 대출받을 수 있는 혜택이 있다.

그 밖에 정부지원사업 소개 사이트
중소기업진흥공단 www.sbc.or.kr
정보통신산업진흥원 www.nipa.kr
벤처기업협회 www.venture.or.kr
중소기업기술정보진흥원 www.tipa.or.kr

1   세상에 쉬운 일 하나 없다

2   우주가 만드는 집에는 뭔가 특별한 것이 있다

3   흉가의 역습, 당신의 집을 바꿔드립니다

4   우주의 건축학 개론 혹은 노가다

5   그렇게 해도 회사 운영이 되나요?

6   # 갈등의 서막!
     # 인테리어가 뭐길래

7   갈등이 우리를 단단하게 하리라

8   셰어하우스 우주의 핵심 정책

9   8주간의 길고도 짧은 합숙 시간

STEP → 3   무모하게 위대하게 함께 사는 집을 만들다

우주를 운영하면서 비용 출혈이 가장 큰 부분은 리모델링 공사비와 인테리어 비용이었다. 고스란히 지출하고 회수되지 않는 비용이기 때문이다. 즉 비용 절감에 가장 신경 써야 하는 부분이었다. 비용을 절감하는 만큼 저렴한 집세로 우주인들에게 혜택을 줄 수 있었다. 반면 우주인들에게 만족스러운 환경과 시설을 제공해야 했다. 둘 사이의 줄타기가 끊임없었다.

물론 눈이 호강하는 집이 좋은 집이라고 할 수는 없지만 저렴하다고 해서 허름한 시설을 감수해야 한다면 '살고 싶은 집'이라고 할 수 없었다. 가격 때문에 어쩔 수 없이 택하게 되는 집은 우리가 추구하는 우주의 모습이 아니다. 그래서 힘든 상황에서도 살고 싶은 집을 만들기 위해 물심양면으로 노력했다.

그 과정에서 의견 충돌이 많았다. 특히 더 예쁜 집을 만들고 싶어하는 담당자 계현철 군과 경영자 입장에서 회사의 재무 상황을 고려하지 않을 수 없는 김정헌 대표 사이에 유난히 많은 논쟁이 오갔다. 일본의 성공적인 셰어하우스를 벤치마킹하면서 이미 10년이 넘는 동안 훌륭한 인테리어 수준을 자랑하는 사례를 접하다 보니 더욱 욕심이 생겼는지도 모른다. 그만큼 더 나은 우주를 만들기 위한 애정에서 나온 것이기에 치열하게 타협점을 찾아나갔다.

하지만 멤버 모두 건축이나 인테리어에 대한 경험이 없었기에 결과적으로 현실성이 떨어지는 논쟁이었다. 인테리어 비용에

STEP → 3   무모하게 위대하게 함께 사는 집을 만들다

일부 투자하기로 결정했지만 기초 공사 비용이 예상보다 예산을 훌쩍 뛰어넘는 일이 허다했다. 그만큼 다른 부분에서 비용을 줄이지 않으면 안 되는 상황이었고 결국 인테리어와 관련된 항목이었다. 계획을 수정하면서 더 나은 방향으로 풀리기도 했지만 솔직히 어쩔 수 없이 포기한 부분도 있다. 만일 여자 멤버가 있었다면 힘이 되었을지 모르지만 당시에 계현철 군 마음고생이 많았다. 마음고생 덕에 탄생한 깔끔한 인테리어는 우주의 경쟁력이 되었다.

그래도 깨달은 게 있다. 아마도 이 일을 시작하지 않았으면 결코 몰랐을 것이다. 우주 1호점은 우리에게 랜드마크와도 같은 공간이다. 기대 반 우려 반으로 관심을 가지고 지켜보는 이들의 시선이 집중되었다. 기대를 충족시키지 못해 실망감을 안겨줄까 긴장도 많이 했다. 그래서 더욱 욕심을 내기도 했을 것이다.

그런데 처음 생각과는 다르게 1호점 공사가 끝나고 인테리어를 하는 과정에서 '집이란' '사람이 사는 공간이란' 돈을 들여 멋지게 꾸민 정도보다 얼마나 정성을 들이고 관심을 가지느냐가 더 중요하다는 점을 알게 되었다. 작은 부분 하나하나 신경 쓰지 않은 게 없고 뭐가 필요한지 살피다 보니 자연스럽게 공간을 아기자기하고 포근하게 채울 수 있었다. 우리가 만들고자 했던 집에 드디어 한 발짝 가까워진 느낌이랄까?

돈이 풍족해 쉽게 인테리어를 결정했거나 다른 이의 손에

맡겼거나 애초에 우주 프로젝트를 시작하지 않았다면 우리
다섯 명은 살면서 집에 대해 결코 이렇게 관심을 기울이지
않았을 것이다. 공사가 끝나갈 무렵에는 다들 인테리어 DIY의
매력에 빠질 정도였다. 그래서 예상보다 인테리어 비용이
줄었는데도 우리가 꿈꾸던 아늑한 집을 만들 수 있었다.
그리고 또 한 가지. 집은 외형도 중요하지만 어떤 사람이
어떻게 사는지가 더 중요하다는 점을 깨달았다. 포근하고
분위기 있는 집이 되려면 사는 사람이 공간을 아끼고 돌보는
데서부터 시작된다. 그래서 우리가 세부 항목까지 모두 정해서
구비하기보다 우주에 들어와서 살게 될 우주인이 필요한
부분을 정하면 우리가 지원하는 방식으로 바꾸어 집과 친해질
기회를 제공하기로 했다.

경험해보니 공간을 어떻게 꾸밀지 관심을 가지는 과정에서
집과 친해지고 더욱 애정이 생겼다. 그만큼 잘 살 수 있게
되리라는 기대도 생겼다. 그러면 집이 사는 이를 닮아 더 좋은
느낌으로 채워지리라는 것은 두말할 나위 없었다. 그만큼
앞으로 우주에 어떤 우주인들이 살게 될지도 기대되었다.

아, 그래서 결국 치열한 논쟁을 벌인 계현철 군과 김정헌
대표는 어떻게 됐냐고? 늘 그렇듯 더 멋진 미래를 향한
도약으로 훈훈하게 마무리 되었다는 믿거나 말거나 이야기.

1   세상에 쉬운 일 하나 없다

2   우주가 만드는 집에는 뭔가 특별한 것이 있다

3   흉가의 역습, 당신의 집을 바꿔드립니다

4   우주의 건축학 개론 혹은 노가다

5   그렇게 해도 회사 운영이 되나요?

6   갈등의 서막! 인테리어가 뭐길래

7   # 갈등이 우리를
    # 단단하게 하리라

8   셰어하우스 우주의 핵심 정책

9   8주간의 길고도 짧은 합숙 시간

STEP → 3   무모하게 위대하게 함께 사는 집을 만들다

한번은 사무실에서 심하게 싸운 적이 있다. 형도 동생도 직급도 없이 우주 창업자의 한 사람으로 모두 언성을 높이자 같이 일하는 인턴들이 눈치를 볼 정도였다. 그러다가도 목 아프면 게임으로 긴장을 풀고 밥 먹을 때가 되면 금세 농담 따먹기를 했지만 말이다.

인테리어 비용 다음으로 우리가 치열하게 다툰 것은 가격, 그러니까 임대료에 관한 문제였다. 특히 경쟁사 A가 등장하고부터였다. 경쟁사 A는 고급형 아파트를 임대해 별도의 내부 수리를 하지 않고 운영했다. 우주와 비교하면 집주인에게 임대하는 비용은 높지만 그 밖의 비용은 우리에 비해 비교가 안 될 만큼 낮았다. 주거 공간의 질적인 수준을 비교해보면 우주도 내부 수리를 한 만큼 결코 뒤지지 않았고 보다 저렴한 임대료와 보증금이 강점이었지만 실질적인 고객들(대학생, 사회 초년생, 외국인 유학생)에게 고급 아파트가 가진 장점도 분명히 있었다.

논쟁은 크게 두 가지 입장으로 나뉘었다. 첫 번째는 뭐니 뭐니 해도 비용을 줄이는 가장 효율적인 방법을 찾아 우주인에게 저렴한 임대료와 보증금으로 더 나은 공간을 제공하는 게 우선이라는 것이었다. 그런 면에서 시간과 비용이 더 드는 리모델링을 해야만 경쟁사 A와 비슷한 수준의 공간을 제공할 수 있는데 구태여 기존처럼 낡은 집을 선택할 필요가 있겠느냐는 것이다. 비용이 줄면 임대료를 더 내릴 수 있을 거라는 의견이었다.

STEP → 3

무모하게 위대하게 함께 사는 집을 만들다

두 번째는 우주가 오래되고 낡은 집을 개선해 죽어가는
공간을 살린다는 사회적인 가치를 고수하자는 것이다. 이는
우주만의 브랜드로 다른 경쟁사들과 차별점이 되어 사람들의
관심과 사랑을 받는 원동력이라는 주장이었다.

둘 다 일리는 있었다. 언뜻 상반되어 보이지만 우주가
가고자 하는 방향을 하나로 좁혀가는 과정이었다. 어쨌거나
논쟁이 있으면 결론이 나야 하는 법. 대학생활과는 다르게
회사에서는 최종 결정을 위한 직급이라는 게 이래서
필요하구나 싶기도 했다. 이럴 때마다 김정헌 대표는 되도록
중립을 지키려고 노력하면서 결론을 내려주었다.

우주의 사회적인 가치에 관해서는 모두 동의하는 부분이나
시장에 따라 유연하게 대처하기로 했다. 우주가 지속적으로
사업을 해나가기 위해서는 경쟁사의 좋은 모델을 접목하는
것도 필요했다. 그래서 오래된 주택만을 한정하지 말고
기회를 열어두기로 합의하여 후에 우주 8호점이 탄생하는
계기가 되었다.

또 다른 논쟁의 불씨는 보증금 문제였다. 애초에 우주는
보증금 없이 기획되었다. 대학생과 사회 초년생에게 목돈
부담을 덜어주기 위한 것이 시작이었기 때문이다. 하지만
운영을 하다 보니 무보증금의 위험 부담이 만만치 않았다.

"입주자가 임대료를 연체하면 어떻게 할 것인가?"

"시설물을 파손하면 어떻게 대처할 것인가?"

이럴 때 우리가 대처할 수 있는 수단이 많지 않았다. 그래서

대안으로 기숙사처럼 몇 개월에 해당하는 임대료를 미리
받자, 호텔처럼 신용카드를 활용할 수 있는 방법을 찾자
등 여러 가지가 제시되었지만 마땅치 않았다. 그 사이에도
무보증금 제도를 끝까지 고수해야 한다는 입장과 계속
충돌했다.

결국 고객과의 신뢰를 담보하고 회사에도 최소한의 보호
차원으로 2개월 치 임대료에 해당하는 보증금 제도가
마련되었다. 입주할 때 납부하며 퇴실할 때 환급한다.
보증금은 오로지 임대료 연체와 시설 파손에 대한
수리비 차원에서 활용한다. 다행히도 입주자들이 편하게
수용해주었다. 하지만 한동안은 이미 언론사 취재 등을 통해
무보증금이라는 말이 외부에 노출되어 설명하는데 곤혹을
겪기도 했다. 무엇보다 입주자를 위한 치열한 고민에서
비롯된 조치임을 이 자리를 빌려 밝힌다.

일을 하다 보면 논쟁은 언제나 있다. 누군가는 임대인의
입장에 섰고, 누군가는 임차인의 입장에 섰다. 또 누군가는
지점개발 부서의 입장을 대변하고, 누군가는 경영지원
부서의 입장을 대변했다. 논쟁을 거치면서 우주가 처음에
구상한 사업 모델 또한 많이 진화하고 분화되었다. 그러면서
2012년에 계획한 2013년과 2014년 목표를 더 빨리 달성할 수
있었다.

논쟁을 하다 보면 각자 미처 생각하지 못했던 부분을
보게 되고 고민의 깊이를 공유할 수 있다. 그 고민들은

자연스럽게 우주에 녹아들었다. 그래서 우리는 오히려 논쟁이 줄어드는 것을 경계한다. 그만큼 고민의 깊이가 부족하다는 적신호가 아닐까 생각하기 때문이다. 모든 원칙은 갈등에서 비롯되었고, 갈등의 끝에는 발전된 정책이 생겨났다.

1   세상에 쉬운 일 하나 없다

2   우주가 만드는 집에는 뭔가 특별한 것이 있다

3   흉가의 역습, 당신의 집을 바꿔드립니다

4   우주의 건축학 개론 혹은 노가다

5   그렇게 해도 회사 운영이 되나요?

6   갈등의 서막! 인테리어가 뭐길래

7   갈등이 우리를 단단하게 하리라

8   # 셰어하우스 우주의 핵심 정책

9   8주간의 길고도 짧은 합숙 시간

우주의 내부 정책은 많은 논쟁과 고민을 거쳐 완성되었다. 그중 핵심은 역시 가격과 임대 기간이다. 일반 주택임대계약에서 염두에 두는 것과 비슷하지만 셰어하우스는 그만의 원칙이 필요했다. 어떻게 원칙을 세웠는지 간단히 정리한다.

먼저 가격 정책. 사업자 입장에서는 다른 기업과 마찬가지로 원가 개념을 적용했다. 리노베이션 비용, 지점 운영 비용 등을 포함한 전체 비용과 회사의 지속 가능성을 위한 마진을 고려해 지점별로 매달 예상수익을 산출하여 임대료를 정한다. 지점마다 투입되는 비용이 다르기에 임대료도 다르다. 입주자 입장에서는 지점별 예상수익 대비 각 방의 면적, 채광, 다인실 여부 등 조건에 따라 나누어 1인당 월별 임대료를 산정한다. 특히 회사의 지점이 점점 늘어날수록 마진율을 낮춰 입주자의 부담을 덜 수 있도록 설계했다. 또한 전체 비용을 줄이면서도 고객의 만족을 어떻게 높일 수 있을지 끊임없이 고민했다.

그러다 우리 스스로도 놀랄 만한 정책이 만들어졌다. 바로 '위탁 운영' 방식이다. 처음에는 생각지도 못했는데 임대인과 우주와 임차인 모두에게 합리적인 구조였다. 지점이 늘어나면서 늘 따라 다닌 고민 세 가지가 있었다.

첫째, 어떻게 하면 임대인이 더 안정적인 고수익을 창출할 수 있을까.

둘째, 어떻게 하면 입주자에게 저렴한 가격에 좋은 집을 제공할 수 있을까.

셋째, 어떻게 하면 위험 요소 없이 사업을 진행할 수 있을까.
그러다 위탁 운영 모델이 떠올랐다. 기존에 우주는
임대차계약만 진행하고 공사비를 모두 부담했기에
부담이 꽤 컸다. 기업 입장에서 공사비는 회수 불가능한
비용이므로 입주자 수와 상관없이 일정한 수익을
보장(손익분기점)받아야 한다.

그런데 만약에 임대인이 공사비를 부담한다면? 임대인
입장에서는 자신의 집을 수리한 것이므로 비용을
지불하더라도 고스란히 남게 되고 임대료로 회수가 가능하다.
공실에 대한 위험은 우주와 함께 부담하면 된다. 기존에는
우주가 임대인보다 더 많거나 비슷한 수준의 수익을
가져갔다면 이 경우에는 실질적인 수익은 임대인이 대부분
가져가고 우주는 수수료 형식으로 중개와 관리를 맡는
것이다. 그러면 우주는 수익은 적지만 위험 요소를 분산할 수
있고 임차인에게도 더 저렴한 임대료가 가능하다.

물론 위탁 운영 또한 처음 시도할 때 어려움이 있었다.
보통 부동산에서 위탁 운영이라 하면 오피스텔이나 원룸텔
등을 소유한 임대인만이 할 수 있는 특권이었다. 그런데
주택임대관리에 관한 자료를 찾다 보니 기존에 있는 제도는
엄밀히 말하면 주택임대관리가 아니라 '건물임대관리'라고
볼 수 있다. 즉 건물을 소유한 소수의 사람들만 이용할 수
있는 혜택이었다. 그렇다면 규모는 작더라도 대한민국에서

　　　　　　무모하게 위대하게 함께 사는 집을 만들다

주택을 소유한 사람이면 모두가 이용할 수 있는 서비스를
제공하면 어떨까 하는 아이디어가 떠오른 것이다.
지금 생각해보면 뭔가에 홀린 듯, 새로운 세계에 눈을 뜨는
듯한 쾌감이 있었다. 또한 모험을 두려워하지 말고 자신의
일에 책임을 지되 하고 싶은 일을 마음껏 해보라고 늘 곁에서
격려한 김정헌 대표의 동기부여가 힘이 되었다. 그 산물이
바로 우주 7호점과 8호점이다.
역시나 두 지점을 준비하면서 많은 시행착오를 겪었다.
처음 시도하는 사례이다 보니 세금 문제부터 계약 하나하나
모든 게 새로웠다. 하지만 시도하지 않으면 아무것도 이룰
수 없기에 머리만 싸매고 있기보다 주저 없이 진행해나갔다.
부족한 점이 많았지만 마음씨 좋은 임대인들이 청년들을
도와준다는 생각으로 많이 애써주셨다. 그렇게 임대인,
입주자, 우주가 상생할 수 있는 새로운 셰어하우스로
거듭났다.
다음으로 임대 기간. 적절한 거주 기간을 두고도 고민이
많았다. 정해진 기간이 아예 없다면 구성원이 수시로 변해
셰어하우스의 가장 큰 장점으로 여겨지는 커뮤니티 형성에
방해가 될 거라고 생각했다. 그래서 대학생들의 학기와 방학
주기를 고려해 최소 6개월 단위로 계약을 진행한다.
하지만 사람이 살다 보면 피치 못한 사정이 생기게 마련이라
중도 퇴실(수수료 지불)을 원할 때 미리 회사에 공지하면 다음
입주자를 모집할 수 있도록 유연한 장치를 마련해두었다.

1 세상에 쉬운 일 하나 없다

2 우주가 만드는 집에는 뭔가 특별한 것이 있다

3 흉가의 역습, 당신의 집을 바꿔드립니다

4 우주의 건축학 개론 혹은 노가다

5 그렇게 해도 회사 운영이 되나요?

6 갈등의 서막! 인테리어가 뭐길래

7 갈등이 우리를 단단하게 하리라

8 셰어하우스 우주의 핵심 정책

9 **8주간의 길고도 짧은 합숙 시간**

STEP → 3   무모하게 위대하게 함께 사는 집을 만들다자, 이렇게 파란만장 우여곡절 끝에 만들어진 셰어하우스 우주의 첫 입주자는 과연 누구였을까? 바로 우리다. 우주를 만들며 가장 잘한 일이 무엇이냐고 물으면 우리는 모두 주저 없이 8주간의 합숙이라고 답한다. 1호점을 만들고 나서 우리는 두 달 동안 같이 살았다. 만일 그때 사용자가 되어 고객을 이해하는 과정이 없었다면 지금의 우주는 없었을 것이다. 그리고 팀워크를 다지는 내밀한 시간이었다. 무엇보다 그때가 가장 재미있었다.

우주 공동 창업자 가운데 집에 대해 아는 사람은 하나도 없었다. 적어도 셰어하우스가 뭔지는 알고 운영해야 한다는 생각이 들었다. 타인과 함께 살면서 어떤 문제가 생길지도 궁금했다. 그때 김정헌 대표가 제안을 했다.

"1호점을 만들면 우리가 먼저 살아보자. 그때까지 돈은 직접 부담하겠다."

그때처럼 김정헌 대표가 멋있어 보인 적은 없다.

평소 같으면 새집증후군 냄새라며 꺼릴 텐데 우리가 직접 만든 집이라는 생각에 페인트 냄새도 참 좋았다. 몇 달 동안 그렇게 고생하며 준비한 결과가 눈앞에 있으니 기쁠 수밖에 없었다.

하나둘 트렁크를 가져와 짐을 풀던 날이 또렷하다. 동료로 상사로 만난 사람들과 같이 살게 되다니 다들 기대하는 표정이었다. 사실 모두 한번쯤은 집에서 나와 살고 싶어했다. 김정헌 대표는 마침 집에서 독립하려던 참이었고, 계현철

군은 한옥에서 살아보고 싶었고, 박형수 군은 자취생활이
지겨웠고, 이정호 군은 부모님과 함께 사는 집에서 나와 살고
싶어했다.

집에 대해 가장 먼저 배운 것은 보일러 동파 대비였다.
뉴스에서는 매년 기록적인 한파라고 하지만 우리가 합숙을
한 2013년 1월과 2월은 유난히 추웠다. 대부분 아파트에서만
살아본 서울 촌놈인 까닭도 있지만 보일러가 터진 며칠은
정말 고역이었다. 한겨울에는 보일러를 외출로 해두면 안
되는 줄 아무도 몰랐다.

결국 보일러가 동파되어 따뜻한 물이 나오기는커녕 집
전체가 냉장고 저리 가라였다. 집주인의 도움으로 겨우
문제를 해결했고, 그 후로 우리는 겨울철 동파 대비 전문가가
되었다. 어느덧 아침에 일어나 수도가 얼어도 당황하지 않고
15분이면 녹이는 기술을 갖게 되었다.

하루는 거실에 금이 간 기둥을 보며 우주는 끝난 줄 알았다.
이튿날 이른 미팅 때문에 김정헌 대표는 침실에서 먼저 자고
있었고 나머지 멤버들은 거실에서 일을 하고 있었다. 그때
기둥에 떡 벌어진 틈을 발견했다.

"우리 진짜 망했어요."

집도 무너지고 마음도 무너지는 것 같았다. 공사할 때 악몽이
다시 떠올랐다. 집을 빌릴 때만 해도 이렇게 금이 가지 않은
것 같았는데 당시 사진을 찾아보니 그때부터 이미 틈이
있었다. 아뿔싸.

STEP → 3　　　　　무모하게 위대하게 함께 사는 집을 만들다

리모델링을 할 때 목수 아저씨가 지붕이 약해서 무너질지도 모른다던 경고가 떠오르며 정말 끝이구나 싶었다. 우주를 시작한 지 3개월도 안 됐는데 정말 무서웠다. 그때부터 집에서 틈만 보였다. 의자에 올라가서 자세히 보니 분명 노후한 한옥이 무너질 징조 같았다. 어쩐지 지붕 위로 고양이가 지나다닐 때마다 소리가 난다 했다. 우리가 살면서 무너지면 어쩔 수 없지만 고객이 살다 무너지면 우리 감옥 가는 거 아닌가? 겁에 질려서 여기저기 물어보고 인터넷을 찾아보니 나무로 만든 집은 자연스럽게 틈이 생길수도 있다고 한다. 천만다행이었다.

가슴 졸이는 일만 있었던 건 아니다. 가슴 떨리는 일도 있었다. 합숙 기간 두 달은 우리에게 가장 밀도 있는 시간이었다. 당시 인턴으로 우리를 도와주던 세 명의 친구가 있었다. 인턴이 출근하는 오전 10시에 맞춰 하루가 시작됐다. 그리고 오후 6시에 인턴이 퇴근하면 저녁을 먹고 한 시간쯤 게임을 하다가 새벽 1시까지 일하는 일상을 반복했다. 자려고 누워도 그날 일에 대해 혹은 앞으로 나아가야 할 방향에 대해 이야기했다. 그야말로 잠자는 시간 빼고는 온통 셰어하우스 이야기만 했다. 아직도 많이 부족하지만 그 시간들이 있었기에 우주인들이 만족할 만한 우주를 만들 수 있었던 것 같다. 그때 10호점까지 만들 포부를 이야기하며 잠들곤 했는데 어느덧 10호점을 지나 15호점이 만들어진다는 생각을 하니 감회가 새롭다.

STEP → 3 무모하게 위대하게 함께 사는 집을 만들다

뭐니 뭐니 해도 합숙생활에서 가장 큰 즐거움은 계현철 군의
요리였다. 가끔 특식을 만들어주곤 했는데 김치볶음밥이
정말 맛있었다. 우주의 얼굴 마담으로 잘생긴 데다 요리까지
잘하는 일등 신랑감이다. 앞으로 살면서 이렇게 하나의
목표에 매진하며 좋은 사람들과 즐겁게 생활할 수 있는
기회가 또 있을지 모르겠다.

청년 주거층에게 셰어하우스의 즐거움을 전파하기 위해
만든 우주에서 우리가 가장 많은 재미를 누린 것 같다. 다른
우주인들도 이런 즐거움을 온전히 느낄 수 있으면 좋겠다.

STEP → 4
우주인을
모집합니다

1 마케팅도 남다른 저력으로 승부하다

2 우주인을 모집하는 아주 특별한 시간
3 우주인과 소통하기
4 명예 우주인, 셰어하우스 전문가 이태호 아저씨
5 박원순 시장님을 만나다
6 이제 한 달이면 뚝딱, 우주 최고 실행력

STEP → 4   우주인을 모집합니다

우주인은 어떻게 찾지? 사실 진짜 시작은 이제부터인 셈이다.
"우리 생각대로 사람들이 이 집에 살고 싶어할까?"
"다들 재미있겠다고 말은 하지만 정말 돈을 지불할 만할까?"
"정 안 되면 합숙이 끝나도 우리가 돈 내고 살자!"
불안이 엄습했다. 막상 뚜껑을 열자 정말로 입주 신청이
들어올지 우리조차 반신반의했다.
원칙이 하나 있었다. 부동산을 통해서는 입주를 받지 않기로
했다. 그래서 가능한 많은 사람들에게 홍보하기 위해 다양한
채널을 찾아보고자 했다.

STEP → 4

우주인을 모집합니다

1 처음엔 각개전투

1호점 입주 홍보를 위해 대학교 동아리에도 찾아가고 여기저기 뛰어다니며 전단지도 돌렸다. 인터넷 집 구하기 사이트 '피터팬'에도 올리고 창업 멤버들의 SNS에 올리고 친구들에게 막무가내로 공유를 부탁했다. 1호점은 우주의 탄생을 기념하며 '창업가를 위한 집'이라는 콘셉트를 정했기에 목표 고객을 직접 찾아가기로 했다. 서울시에서 운영하는 창업센터와 각 대학에 있는 창업지원센터에 가서 전단지를 돌리며 우주를 소개했다. 20개 정도의 창업센터를 방문했다. 막상 입주보다는 우주 사업 자체에 관심을 받았지만 그때 좋은 인연도 많이 만났다.

하지만 입주자 모집은 쉽지 않았다. 막 창업을 했거나 준비하는 친구들이 많지 않았을뿐더러 당시에 집을 구하는 사람도 거의 없었다. 지금이야 우주는 지점을 열면 곧바로 만실이라는 공식이 생겼지만 당시에는 셰어하우스 실험으로만 끝나는 게 아닐까 불안감이 컸다.

되든 안 되든 끝까지 해보자는 생각으로 더욱 몰입했다.
우주를 가장 많이 알릴 수 있는 방법은 언론 기사라고
생각했다. 노출 확률을 높이기 위해 보도자료를 만들어
100명이 넘는 기자에게 메일을 보냈다. 우리 얘기가
신문에 나올 수 있을까? 의심하기도 전에 기사가 올라오기
시작하더니 곧 10개가 넘는 기사가 실렸다. '와, 정말 되네!'
솔직히 모두 놀랐다. 사회적 관심이 뜨거운 소셜 벤처와 청년
주거 문제라는 두 가지 이슈가 한번에 담겨 있기 때문인
듯했다.

드디어 입주 신청서가 하나둘 들어오기 시작했다. 1호점은
정원 3명에 총 47명이 신청했으니 경쟁률은 기대 이상,
대박이었다! 이후 지속적인 언론 노출이 이루어졌다.
셰어하우스 우주가 1인 주거의 대안으로 소개되면서
인지도가 올라갔다. 인터뷰로 입주자 분들을 귀찮게 해서
죄송한 마음도 컸지만 본인이 텔레비전에 나오는 모습에
좋아하는 것을 볼 때면 보람도 컸다.

관련 기사가 국내 1위 포털사이트 메인 화면에 나오는 것은
모든 스타트업의 꿈이다. 우주는 포털사이트 주거 트렌드와
공익 분야에 노출이 됐는데 당시 홈페이지 트래픽이 초과될
정도로 폭발적인 반응을 얻었다.

STEP → 4

대학생을 위한 버킷리스트, '우주(WOOZOO)에서 살아보기'

[연세대 창업사관학교] 쉐어하우스 통해 새로운 주거문화 형성

3   페이스북 마케팅

우주 홍보에는 마크 저커버그의 공이 가장 크다. 페이스북이
좋은 점은 타깃 고객에게 직접 홍보할 수 있기 때문이다.
그리고 우주 페이스북 페이지를 기업의 홍보 페이지가 아니라
유쾌한 게시판으로 생각하고 방문하는 분들이 많아 친근하게
다가간다. 우리도 홍보만 하기보다 우주 직원들의 일상이나
다른 주거 정보, 문화 정보를 올려 사람들과 소통했다. 우주
페이지를 구독하는 사람이 많아질수록 입주 홍보를 할 때
수만 건 이상 사람들에게 공유가 되기 때문에 파급 효과가
정말 크다. 우주 지점에는 입주자가 최대 10명 안팎이므로
고객을 충분히 모집할 수 있었다.

STEP → 4   우주인을 모집합니다

4 구글 문서 시스템 활용

마지막으로 구글 문서 시스템은 입주 희망자를 관리하는
데 매우 유용하다. 만실이라 입주할 수 없지만 우주에 관심
있는 분들의 정보를 받아 데이터를 만들어둔다. 개인 정보는
최소화하고 취미나 취향을 적어두면 각 지점 콘셉트에 잘
맞고 다른 입주자와 재미있게 지낼 것 같은 분에게 먼저
연락한다. 그러면 고객 만족도도 높다. 14개월 동안 누적
대기자 1,200여 명이라는 고무적인 수치를 기록했다.
"여러분 조금만 기다려주세요. 모두 집 만들어 드릴게요!"

1   마케팅도 남다른 저력으로 승부하다

2   # 우주인을 모집하는 아주 특별한 시간

3   우주인과 소통하기
4   명예 우주인, 셰어하우스 전문가 이태호 아저씨
5   박원순 시장님을 만나다
6   이제 한 달이면 뚝딱, 우주 최고 실행력

이제 우주 입주자를 우주인이라 부르는 사실은 공공연하다. 우주인이 되려면 어떤 과정을 거칠까? 먼저 우주인을 선발할 때는 '우주 타임'woozoo time, 즉 회사와 면담하는 시간을 갖는다.

대학생, 사회 초년생, 외국인 유학생을 중심으로 우주인을 희망하는 사람은 공식 홈페이지에서 입주 신청서를 작성한다. 신청서에는 간단한 신상 정보 외에도 관심사, 라이프스타일, 우주에서 하고 싶은 일 등을 작성한다. 이를 바탕으로 지점을 방문하면 회사 담당자와 면담을 한다. 우주 타임을 면접으로 생각하고 긴장하고 오는 분들도 있는데 사실 가벼운 티타임에 가깝다.

지원자는 편하게 궁금한 것들을 질문하고 회사는 지원자가 들려주는 이야기를 통해 어떤 사람들과 어떤 집에 함께 살면 좋을지 판단한다. 물론 한정된 인원으로 누군가는 선발되고 누군가는 아쉽게 누락되지만 이 과정들이 입주 뒤에 더 즐겁게 살아갈 수 있는 우주의 근간이 된다.

지금까지 지점을 운영하면서 긍정적인 결과를 보여주어 절차가 다소 복잡하고 시간이 걸리더라도 공을 들이고 있다. 하지만 우주인에게 엄격한 자격이란 없다. 다만 다른 사람과 함께 살아갈 의지가 있고 규칙을 지키면서 본인만의 개성을 지녔다면 언제라도 우주인이 될 수 있다.

처음에는 이 모든 준비가 안 되어 있었기 때문에 신청자가 넘칠 경우를 생각하지 못했다. 그런데 뜻밖에 홍보가 잘 되어

1호점 신청자가 넘치면서 대기자 리스트를 만들었는데 이후
그 리스트를 바탕으로 지금의 입주 신청 시스템이 완성됐다.
모든 게 실험이자 실재였다.

우주 타임은 즐거웠다. 지원해주셔서 그저 감사하기도 했고
신청자들과 이야기를 나누는 시간에 주옥같은 아이디어가
많이 나와서 우주가 발전해가는 데 밑거름이 되었다.
그래서 가능한 모든 분을 대상으로 우주 타임을 진행하고자
마음먹었다. 다양한 전공, 다양한 배경을 가진 분들을 만나게
되었고 우리가 제공할 수 있는 공간이 한정되었다는 게
죄송할 따름이었다.

지금은 우주 타임 담당자가 따로 있지만 처음에는 공동
창업자가 모두 자발적으로 우주 타임에 참여했다. 우리가
진행하는 사업에 이렇게 많은 사람이 참여한다는 사실
자체가 신기했다. 방문하기 전에 집을 깨끗이 청소하고
어떻게 소개할지 시나리오도 짰다. 방문하는 이들이 긴장할까
봐 간단한 다과도 준비했다. 질문지도 준비하고 복장도
단정하게 갈아입었다. 입주 신청자를 알아가는 동시에 우주를
되짚어보는 시간이기도 했다.

"우주를 어떻게 아셨나요?"

"집에 와보니 어떠세요?"

"개선해야 할 점은 어떤 게 있을까요?"

어떨 때는 우리 질문이 더 많았다. 또래가 창업한 회사여서
그랬는지는 몰라도 집을 보러 오는 분들이 매번 도넛이나

케이크 등 선물을 들고 오셔서 당황스럽기도 즐겁기도 했다.
이 덕분에 먹을 것이 늘 풍족했기에 다음 신청자가 방문하면
앞서 오신 분이 주신 거라고 말문을 열고 음식을 나누며
즐겁게 대화를 이어나갔다.

1   마케팅도 남다른 저력으로 승부하다
2   우주인을 모집하는 아주 특별한 시간

3   # 우주인과 소통하기

4   명예 우주인, 셰어하우스 전문가 이태호 아저씨
5   박원순 시장님을 만나다
6   이제 한 달이면 뚝딱, 우주 최고 실행력

STEP → 4

모집만큼 중요한 것이 우주인들이 셰어하우스에서 실제로 생활하면서 나누는 이야기다. 셰어하우스는 한국에서 거의 처음 시도되는 것이기에 참고할 만한 사례가 부족했고 우리도 공동생활에 미숙했기에 철저하게 거주자 내부 회의를 거쳐 생활 규칙을 만들어나갔다.

셰어하우스가 잘 정착한 일본의 운영 현황을 알아보기 위해 일본으로 출장을 다녀오기도 했다. 여섯 군데의 셰어하우스 운영 업체를 방문한 결과 거주자들 사이에는 함께 살아가기 위한 규칙이 반드시 필요했다. 주로 청소, 공용 물품 사용, 소음, 소등 등의 규칙으로 최대한 많이 물어보고 문제가 발생하지 않도록 방안을 연구했다. 그를 바탕으로 가상의 주거 가이드라인을 만들었다.

예를 들면 '공용 공간 청소는 주 3회, 거주자들이 2인 1조를 구성하여 순번제로 실시한다' '개인 물건에는 포스트잇 등으로 표시를 해두고 그렇지 않은 물건은 함께 사용하는 것으로 생각한다' 등 발생할 수 있는 문제를 단순 나열해보았다. 그리고 주의를 주는 방식이 아니라 실제로 지켜야 하는 내용을 구체적으로 작성한다. 세탁기 사용, 냉난방기 사용, 분리수거 등 실생활에서 민감하게 부딪칠 만한 주제들도 고려해 '셰어하우스 생활 가이드라인'을 완성했다. 어디까지나 편의상 제공한 것이지 강제 사항은 아니다. 한국 상황에 맞게 수정하게끔 열어두고 입주한 뒤 2주 안에 입주자 회의를 거쳐 본인들이 사는 우주 지점의 규칙을 직접

STEP → 4   우주인을 모집합니다

정하도록 했다. 누구나 더 민감하거나 덜 민감한 부분이 있을 수 있기에 우주인끼리 협의하여 제공된 생활 가이드라인을 수정해나가며 규칙을 정했다. 그래서 각 지점별로 규칙이 모두 다르다. 회사는 이 규칙들을 회수해 각 지점마다 거주자 간에 발생하는 갈등을 조정하고 다음 우주인을 선발할 때 참고한다.

사는 동안 편안하게 지내기 위해서 입주자는 실시간 피드백을 통해 불편 사항을 공식적으로 담당자에게 상의하고, 담당자는 문제를 해결해주고 운영 노하우를 쌓아갈 수 있도록 창구를 마련해두었다. 이 과정에서 입주자 사이에 화합이 깨지지 않도록 모든 절차는 익명으로 진행된다. 셰어하우스 우주는 담당자 지정 제도를 통해 입주자와 소통한다. 회사에 이 업무만 담당하는 직원을 두어 입주자가 한 명의 담당자와 오랫동안 소통할 수 있도록 지원한다. 입주자는 메일, SNS, 전화 등으로 언제라도 담당자와 연락을 취할 수 있다.

지금은 진행하지 않지만 초기에는 매달 만족도 설문조사를 하기도 했다. 우주에 대한 평가 자료로 활용할 수 있는 항목을 바탕으로 질문지를 만들어 매달 온라인 설문조사를 실시했다. 지점마다 꾸준히 데이터가 쌓여 우주 운영에 적극 반영할 수 있었다.

1   마케팅도 남다른 저력으로 승부하다

2   우주인을 모집하는 아주 특별한 시간

3   우주인과 소통하기

4
명예 우주인, 셰어하우스 전문가 이태호 아저씨

5   박원순 시장님을 만나다

6   이제 한 달이면 뚝딱, 우주 최고 실행력

우리는 유난히 많은 도움과 애정 어린 관심을 받았다. 경험도 능력도 부족한 우리가 지금의 우주를 만들어낼 수 있었던 것은 외부의 도움이 있었기에 가능했다. 그들 모두 '명예 우주인'이라고 할 수 있다. 일일이 열거하자면 백과사전 두께도 모자라기에 특별히 기억에 남는 이야기를 전하려 한다. 우리가 창업하면서 배운 것은 업무 경험도 있지만 세상의 따뜻함과 인간관계의 중요성이었다. 어쩌면 우주가 만들어가고자 한 집의 의미에 가까웠다.

2013년 1월, 한 통의 전화가 걸려왔다.

"안녕하세요. 저는 30년 동안 부동산 임대업을 하다 2년 전부터 셰어하우스 사업을 준비해온 이태호라고 합니다. 서로 도움을 줄 수 있을 것 같아서 연락드렸습니다."

전화기 너머로 아버지뻘 되어 보이는 중년 남자 목소리가 들려왔다. 망망대해 같던 상황에서 방향을 잡아줄 조력자가 찾아왔다는 느낌이 들었다.

이태호 대표님과의 만남은 '위즈돔'wisdome 모임에서 처음 이뤄졌다. 위즈돔은 모든 사람이 관심 분야에 대해 정보를 공유하고자 모임을 주선하는 플랫폼이다. 이태호 대표님은 흔히 말하는 자수성가형 기업가로 무일푼으로 20대 후반에 사업을 시작해 지금의 위치에 올랐다. 우리가 젊은 패기로 부동산 시장을 공략했다면 이태호 대표님은 30년의 통찰로 부동산 시장을 공략하는 고수였다. 무엇보다 우리가 가장 감명받은 점은 중년의 나이에도 항상 호기심을 갖고 배우는 자세였다.

이태호 대표님이 우주에도 직접 방문해 우리 사업의 핵심을
하나하나 짚어가며 방향을 잡아주신 덕에 우리가 성공적으로
시장에 자리 잡을 수 있었다. 본인은 30년 동안 임대 사업을
해왔지만 이를 사회 문제와 연결시킬 생각은 못했는데
젊은이들이 대견하다는 격려의 말씀을 해주셔서 큰 힘이
되었다.

그로부터 몇 주 뒤에 대표님께 다시 전화가 걸려왔다.
"저번에는 제가 우주에 갔으니 이번에는 저희 집으로
초대하겠습니다."

그렇게 두 번째 만남은 이태호 대표님 집에서 이루어졌다.
셰어하우스 사업을 하다 보니 '저 사람은 어떤 집에
살까?'라는 생각을 자주 하게 된다. 한편 '성공한 기업가의
집은 어떨까?'라는 기대감도 있었다. 집은 사는 사람을
그대로 반영하기에 호기심도 있었지만 혹시 불편하지 않을까
걱정도 되었다.

걱정이 무색하게 이태호 대표님은 환한 미소로 맞아주시며
서로 더 가까이 알고 소통하기 위해 집에 초대했다고
말씀하셨다. 청년들이 합숙하면서 일하는 모습이 자신의
젊은 시절을 연상하게 해 우리에게 애착이 많이 가서 기꺼이
자신의 모습을 보여주고 싶었단다. 펜트하우스인 대표님
집은 언젠가 살아보고 싶을 만큼 정말 좋았다. 무엇보다 날
좋은 날 옥상 테라스에서 고기 구워 먹으면 정말 좋겠다

STEP → 4

싶었다. 집 구경을 마치고 다과를 먹으며 본격적인 이야기를
나누었다.

첫 만남보다 더 진지하고 깊은 이야기가 오갔다. 시장
현황과 월세 관리의 고충, 주택 관리 방법 등 일반
부동산에서나 우리가 스스로 알아내기 어려운 주옥같은
정보들이 많았다. 한번은 월세를 내지 못하던 화가 지망생을
무료로 집에 살게 해주신 훈훈한 사연도 전해들었다.

가장 큰 수확은 뭐니 뭐니 해도 이태호 대표님의 아들
주훈이를 만난 것이다. 주훈이는 일본 유학을 앞둔 수줍음
많은 열아홉 학생이었다. 이날의 인연을 계기로 일본
출장을 갔을 때 주훈이가 직접 통역을 해주었다. 이태호
대표님은 주훈이가 우리 옆에서 많은 것을 보고 배울 수
있으리라고 하셨는데 우리야말로 큰 도움을 얻었다. 나중에
일본인 유학생이 우주에 거주할 때 계약서도 일본어로
번역해주었고 일본의 셰어하우스 '커넥트하우스'가 한국에
방문했을 때는 일부러 귀국해 통역을 해주었다.

우리는 고마움의 표시로 주훈이를 훗날 우주의 일본
지사장으로 임명했다. 이 대표님과 주훈이, 우리와 대를
이어가는 인연으로 앞으로 관계가 어떻게 지속될지
기대된다.

1   마케팅도 남다른 저력으로 승부하다

2   우주인을 모집하는 아주 특별한 시간

3   우주인과 소통하기

4   명예 우주인, 셰어하우스 전문가 이태호 아저씨

5   **박원순 시장님을 만나다**

6   이제 한 달이면 뚝딱, 우주 최고 실행력

"우리 출세했어요!"

창업을 하면서 가장 즐거웠던 일은 쉽게 접하지 못할 색다른 경험을 한 것이다. 예를 들면 신문이나 언론에 우리 얼굴이 실린다는 게 마냥 신기하고 설레었다. 특히 우주 얼굴마담으로 대외 커뮤니케이션을 책임진 계현철 군은 박원순 시장과의 만남을 손에 꼽는다. 더욱이 우주는 소셜 벤처로서 포부가 있었기에 의미가 남달랐다.

한번은 대학생들 사이에서 가장 유명한 매체인 『대학내일』에서 사회 문제에 적극적인 대안 활동을 하는 대학생들과 박원순 시장님이 만나는 인터뷰를 주선했다. 우리는 전부터 서울시를 비롯한 지방 행정기관을 만나고 싶었다. 우주는 지역의 유휴 공간을 활용하는 일이자 기존에 대학생을 위한 주택 복지정책으로 진행된 임대기숙사 등이 그다지 효과적이지 못했으므로 정부기관과 협력하면 시너지가 되리라 생각했다.

우주 2호점이 위치한 회현동의 '시범아파트'는 재건축 예정지로 재개발을 위해 서울시에서 3분의 1에 가까운 가구를 확보해두었지만 건물 안정성 진단 등 일정이 연기되면서 빈집으로 남아 있는 실정이다. 이밖에도 서울에 비어 있는 공간을 활용해 복지에 기반한 셰어하우스를 만들면 주거 문제 해결에 도움이 되지 않을까? 실제로 2호점도 비어 있는 집을 손봐 산뜻하게 탈바꿈한 공간이다. 만일 우주가 공유주택의 개념으로 정부기관과 협력을 통해 사회 복지

프로젝트를 진행한다면 정말 의미 있지 않을까? 그런 포부가
있었다.

그날 인터뷰는 상명대학교에서 진행되었다. 서울시 TV에
실시간으로 방송되는 나름 규모 있는 인터뷰였다. '꽃이
되는 인터뷰'라는 이름으로 잔디밭에 자연스럽게 둘러앉아
대화를 나누는 방식이었다. 긴장되는 마음으로 미리 제출한
질문 내용을 곱씹고 있는데 언론을 통해서만 보았던 박원순
시장님이 드디어 등장했다. 모두 초면이라 명찰을 달고
있었는데 시장님은 '박원순 시장님'과 '원순찡'이라고 적힌
명찰 중에 후자를 택해 대학생들에게 작은 웃음을 안겨주며
인터뷰를 시작했다.

초반에 순서를 배정받은 계현철 군이 인터뷰를 진행하려고
시장님께 인사를 드리자 박원순 시장님이 이미 우주를 알고
있다고 하여 깜짝 놀랐다. 이어 이런 일을 하는 청년들이
늘어나야 한국이 좋은 방향으로 나아갈 수 있다는 칭찬을
덧붙여주셔서 감개무량했다. 인터뷰를 마치며 다양한 지원을
부탁드린다고 하자 시장님은 필요한 부분이 있으면 언제든지
이야기하라고 혹시 서울시가 미처 파악하지 못한 활용할
만한 집이나 공간이 있다면 먼저 알려주면 고맙겠다는
든든한 말씀을 남겨주셨다.

인터뷰 이후에 계현철 군이 파리에서 인턴을 하던 시절에
만나 인연을 이어가던 오픈팩토리(다양한 분야, 다양한 꿈을 가진
누구나 모여 이야기를 공유하는 플랫폼)의 전하상 대표를 만나러 갔을

STEP → 4   우주인을 모집합니다

때, 그곳에서 만난 분이 박원순 시장님의 프레젠테이션에서 우주를 보았다며 꼭 한번 만나보고 싶었다고 먼저 인사를 해오셨다고 한다. 얼마나 감사하고 뿌듯하던지. 보이지 않는 곳에서도 더욱 열심히 해야겠다는 생각이 절로 들었다.

그나저나 시장님, 정말 도움이 필요하면 언제든 주저 없이 말씀드려도 되는 거지요?

1   마케팅도 남다른 저력으로 승부하다

2   우주인을 모집하는 아주 특별한 시간

3   우주인과 소통하기

4   명예 우주인, 셰어하우스 전문가 이태호 아저씨

5   박원순 시장님을 만나다

6

이제 한 달이면 뚝딱, 우주 최고 실행력

"우주 최고 실행력!" "잘 몰라서 더 무서운 아이들!"
처음에 모두가 의심하던 셰어하우스를 한 달에 한 개씩
만들어내자 우리에게 붙은 별명이다. 무식하면 용감하다는
말에 전적으로 동감한다. 우주 지점을 다섯 개 이상
개설하면서부터는 5~8주면 계약부터 입주까지 끝내는 초고속
시스템을 갖추게 되었다.

임대 사업에서 시간은 곧 돈이기에 최대한 빨리 공사를
끝내고 우주인을 입주시키기 위해 많은 노력을 했다. 지금은
담당 디자이너가 공사를 일임하지만 초반에는 우리가 직접
공사부터 가구 조립까지 하느라 늘 기진맥진 침대에 쓰러졌다.
처음에는 재미있다고 조립하던 이케아IKEA 가구도 서랍 여섯
개, 침대 여섯 개쯤 조립하자 유체 이탈을 경험하곤 했다.
그럼 이쯤에서 셰어하우스 우주의 한 지점이 열리기까지
과정을 쭉 정리해본다.

첫째, 부동산 매물 계약에 일주일 정도 걸린다. 집주인에게
연락이 오면 조성신 팀장이 방문해 집을 둘러보고 집주인에게
계약 방법을 안내한다. 이에 따라 예산을 짜고 집의 콘셉트를
도출하기 위해 추가로 일주일 정도 논의한다. 콘셉트가
정해지면 담당 디자이너와 함께 방문해 공사비를 산출해보고
최종 계약을 진행한다. 이때부터 시간 싸움이다.

둘째, 디자이너는 곧바로 세부 디자인을 짠다. 그 사이
우리는 입주 시기와 자금 조달 방법, 홍보 방안을 구상한다.
계약하자마자 바로 공사가 시작되는 것이 유리하기에 우리는

각종 자재 구입 및 공사에 필요한 지원을 한다.

셋째, 인테리어 공사는 보통 1~2주 소요되는데 공사 반장님과 얼마나 좋은 관계를 맺느냐가 핵심이다. 시원한 음료수와 배달 음식은 작은 성의이면서 동시에 비용(시간) 절감의 열쇠다.

넷째, 공사가 중반으로 들어서면 그때부터 입주 희망자를 받고 공사가 끝나자마자 면담을 실시한다. 경우에 따라 입주 전 지점에서 직접 상담하기도 한다.

마지막으로, 모든 절차가 완료되면 입주자의 일정에 따라 보통 일주일 이내에 입주를 마친다.

이변이 없는 한 분업과 동시 진행으로 이 과정까지 빠르면 한 달에 완료된다. 모두 입주가 끝나면 우리는 지점에 방문해 오리엔테이션을 한다. 드디어 우주인으로서 우주 라이프를 누리게 된다.

PART

2

우리
같이 살까?
OK!
새로운
주거를
꿈꾸다

STEP→5
주거 문제의 가려운 곳을 긁어주다

원하는 집을
만들어드리겠습니다

2   주거 '문제'를 넘어 주거 '문화'로
3   우리도 에어비앤비처럼
4   우주, 국제 무대까지 진출?
5   일본 셰어하우스 방문기

STEP → 5

주거 문제의 가려운 곳을 긁어주다

지금은 우주 최고 실행력을 자랑하지만 첫 집을 만드는
일은 생각보다 힘든 작업이었고 1호점을 만들고 나서도
앞으로 잘될 수 있을까 걱정에 휩싸이던 시절이 있다.
그런데 지금은 첫 해 목표 5호점을 뛰어넘어 2년도 안 되어
15호점을 열었다.

어떻게 이런 쾌거를 이루었나를 곰곰이 생각해보면
'겁 없음'이 원동력이 아니었나 싶다. 창업한 사람들을
만나보면 자주 하는 말이 있다. 소위 '대박'이 나려면 젊었을
때 시작해야 한다는 것이다. 경력 쌓고 기반을 다지고
시작하는 것도 좋지만 경험 많은 사람들은 매사 신중하기에
실패 확률이 줄어드는 만큼 크게 성공하기도 어렵다는
이야기다. 경험이 없으면 불안하기는 하지만 무모할 정도로
겁 없는 도전이 오히려 성공 확률을 높인다는 것이다.

절대적인 성공 기준이라고 할 수는 없지만 우리의 실행력도
어쩌면 많은 창업가들이 이야기하는 '한 살이라도 젊을 때'
논리의 연장선에 있는지도 모르겠다. 한 가지 확실한 성공
기준이라 꼽을 수 있는 점은 1인 가구 문제의 '가려운 곳을
정확히 긁어주었다'는 것이다.

무엇보다 성공의 전환점이 된 사건은 바로 『MBC
뉴스데스크』 인터뷰였다. 1호점이 막 완성되었을 무렵
뉴스에서 대학생의 주거 문제를 특집으로 다루는 보도를
준비하고 있었다. 마침 대안의 하나로 셰어하우스가
소개되면서 우주와 인터뷰를 했다. 당시에 인터뷰를 진행한

계현철 군은 "내 인생에 뉴스에 나올 일은 사고 쳐서 나오는 게 빠를 줄 알았는데"라며 믿기지 않아 했다. 사실 우리도 옆에서 지켜보며 정말 뉴스에 나오는 건가 실감이 나지 않았다. 그리고 TV에 나온다 해도 파급력이 얼마나 있을지에 대해서는 의문이었다.

그런데 약 한 달 뒤, 뉴스에 방송이 된 이후로 사무실에 문의 전화가 늘어났고 덕분에 직접 연락을 주신 집주인을 통해 우주 6호점도 계약할 수 있었다. 이후로도 다양한 언론에 소개되었다. 그러면서 셰어하우스 우주가 우리 사회에 꼭 필요하다는 확신과 더불어 성공할 수 있으리라는 자신감을 다질 수 있었다.

그해 11월부터 우리는 직접 대학생들을 만나보기로 했다. 셰어하우스 우주의 주요 대상이 될 학생들이 어떤 생각을 할지 궁금했고 검증에 나서기로 한 것이다. 먼저 서울 소재 대학의 사회적 기업 연구 동아리나 벤처 동아리의 문을 두드렸다. 다행히도 우주의 취지와 목적, 콘셉트 등 우리의 프레젠테이션에 대학생들은 좋은 반응을 보여줬다. 동시에 우리가 미처 풀지 못한 고민들을 사용자 입장에서 꼼꼼하게 지적해주어 사업 내용을 보완할 수 있는 좋은 기회였다. 이런 과정들을 통해 젊은 주거 계층이 원하는 것이 무엇인지 더 정확히 파악하고 우리 스스로를 점검할 수 있는 기회였다. 한 가지 더 기대하지 않았던 소득은 우리가 직접 발로 뛰며 대학생들을 만난 덕에 입소문이 난 것이다. 우주 소식을

접한 대학생들이 SNS 등을 통해 정보를 알리면서 관심을
만들어내는 데 도움이 되었다. 방문한 학교를 중심으로
소식이 퍼져나가기 시작하자 실제로 집을 구하는 학생이나
그 주변인들에게 많은 문의가 들어왔다.

우리가 운영하는 페이스북 페이지에 '좋아요' 숫자가 한 명
한 명 늘어날 때마다 얼마나 즐겁고 신기했는지 모른다.
매일같이 숫자를 확인하고 게시물을 하나씩 올릴 때마다
몇 명이 봤는지 어떤 댓글이 올라왔는지 보면서 큰 힘을 얻고
마음을 다졌다. 여러분, 다 보고 있어요. 우주woozoo 많이
검색해주세요.

1   원하는 집을 만들어드리겠습니다

2   # 주거 '문제'를 넘어
주거 '문화'로

3   우리도 에어비앤비처럼
4   우주, 국제 무대까지 진출?
5   일본 셰어하우스 방문기

한국의 셰어하우스는 이제 걸음마 단계이다. 우리는 우주가
어떤 발자취를 보여줄 수 있을지 많은 고민을 했다. 우리는
단순한 셰어하우스를 넘어 새로운 문화로 정착할 수 있도록
많은 이들의 요구를 듣고 모두 이루어질 수 있는 집을
만들어내고 싶었다.

어떤 집이어야 할까?

디자인이 멋진 집?

가격이 저렴한 집?

뭔가 특별한 매력이 있는 집?

결국 집이란 편안하고 부담스럽지 않고 오랜 시간 머물기
좋아야 한다는 본질적인 문제로 돌아갔다. 그러기 위해서는
무엇보다 마음에 맞는 따뜻한 사람들이 있고 훈훈한
이야기가 생겨나는 곳이어야 했다. 그것이 바로 우주가 정한
'콘셉트'였다.

지금까지 만들어진 우주 지점과 앞으로 만들어질 신규
지점들에 각각 특별한 콘셉트가 부여된 까닭이다. 이 점이
셰어하우스 우주가 다른 집들과 다른 가장 큰 특징이자
매력이다. 그런데 집에 콘셉트가 부여된다니 혹시 아직 감이
안 잡힌다면 이렇게 생각해보자.

"자신과 같은 관심사 혹은 꿈을 가진 사람들과 삶을
공유하는 것."

공동생활을 전제로 한 셰어하우스에서 함께 사는 사람들이 비슷한 비전을 지녔다면 서로 꿈을 지지해주고 때로는 서로에게 자극이 되어줄 수도 있다. 같은 곳을 바라보며 함께 전진하는 우주인이 되는 거다. 관심사가 같다면 친해지기도 쉽고 함께 보내는 시간이 더 즐거울 것이다.

그렇게 탄생한 우주의 콘셉트가 바로 1호점 예비 창업가를 위한 집, 2호점 미술가를 위한 집, 3호점 전통을 경험할 수 있는 집, 4호점 슬로 라이프를 위한 집, 5호점 공연을 즐기는 사람들의 집, 6호점 여행을 좋아하는 사람들의 집, 7호점 요리를 좋아하는 사람들의 집, 8호점 독서를 좋아하는 사람들의 집, 9호점 영화를 좋아하는 사람들의 집, 10·11호점 커피와 디저트를 좋아하는 사람들의 집 등이다.

셰어하우스 우주를 통해 주거 문제도 해결하지만 든든한 기반과 네트워크로 사회로 나아가는 원동력이 되어주는 것이다. 앞으로도 우주는 젊은 주거 계층에게 필요한 콘셉트에 맞게 신규 오픈이 계속될 것이다. 어쩌면 이런 일이 가능해질지도 모르겠다.

'패션 피플을 위한 집'에서 『프로젝트 런웨이 코리아』 우승자 배출!
'음악인을 꿈꾸는 사람들의 집'에서 『슈퍼스타K』 단체 참가!
'독서를 좋아하는 사람들의 집' 출신, 노벨 문학상 수상!

STEP → 5   주거 문제의 가려운 곳을 긁어주다

하하하, 상상만으로도 즐겁다. 어떤 주제이든 꿈꾸는 대로 셰어하우스 우주가 만들어질 수 있다. 예비 우주인들에게도 살고 싶은 집에 대한 아이디어를 받고 있다. 우리가 문화를 선도하는 그날까지 우주가 계속되기를 바라면서.

1   원하는 집을 만들어드리겠습니다

2   주거 '문제'를 넘어 주거 '문화'로

3   # 우리도
    # 에어비앤비처럼

4   우주, 국제 무대까지 진출?

5   일본 셰어하우스 방문기

STEP → 5   주거 문제의 가려운 곳을 긁어주다

"우리는 공간 사업자가 아닌 문화 사업자입니다."

"Would you WOOZOO?"

늘 프레젠테이션 마지막에 하는 이야기다.

우주를 시작하면서 가장 닮고 싶은 회사를 꼽자면 미국에서
만든 숙소 예약 서비스 에어비앤비Airbnb다. 에어비앤비는
모든 사람이 자신의 집이나 빈방을 빌려주고 돈을 벌 수
있도록 중개하는 기업으로 공유를 통해 가치를 창출하는
공유경제의 대표적인 모델이다. 인터넷이나 모바일 앱을
이용해 예약이 가능하다.

에어비앤비에서 우리가 주목한 점은 그들만의 문화이다.
"에어비앤비를 이용하는 사람은 왠지 똑똑하고 앞서가며
재미있을 것 같다"라는 느낌을 주는 것인데, 바로 이 가치가
우주인에게도 적용되기를 간절히 희망했다. 에어비앤비는
지금은 사용이 확대되어 전문 숙박업체의 중개 채널로도
활용되지만 여전히 초기 콘셉트도 유지하며 새로운 문화에
발빠른 개인이 집을 빌려주고, 사용자 또한 한 발 앞서간다는
이미지를 잘 유지하고 있다.

이를 위해 우주도 심혈을 기울여 우주인을 모집했다. 5년
뒤에도 10년 뒤에도 우주인을 떠올렸을 때 어떤 모습이면
좋을지를 상상하며 우주의 콘셉트를 잡아나갔다. 사업이
발전해가면서 느끼는 것은 역시 우주인들이 소중한 고객이자
강력한 자산이라는 점이다.

우주는 단순한 집이 아니라 하나의 공간 플랫폼이 되기를

1호점 우주인과 4호점 우주인의 만남

바란다. 처음부터 단순히 저렴하고 잠만 자는 집을
꿈꾸었다면 비좁은 고시원 수준에서 크게 벗어나지 못했을
것이다. 하지만 생기 넘치는 문화와 가치가 녹아 있는 집을
만들고 싶었다. 각각의 우주에는 취미가 비슷하거나 성향이
어울릴 것 같은 이들이 함께 살도록 신경을 쓰지만 지점을
넘어서 우주 전 지점 자체가 교류할 수 있도록 연결하는 것도
우주의 역할이다.

대표적인 예로 1호점 우주인 백도현 씨와 3호점 우주인
서민경 씨가 함께 사진 공모전에 나간다는 이야기를 들었을
때는 우리의 꿈이 정말로 실현되는 것 같아 기뻤다.

사람들이 재능을 나누고 협력해 이야기가 만들어지는 공간,
새로운 일을 도모하는 이들이 모이는 공간, 이곳에 산다는
것만으로도 자부심을 느낄 수 있는 공간, 이를 실현하는
공간이 바로 우주다.

1   원하는 집을 만들어드리겠습니다

2   주거 '문제'를 넘어 주거 '문화'로

3   우리도 에어비앤비처럼

4
우주,
국제 무대까지
진출?

5   일본 셰어하우스 방문기

일본은 한국과 비슷한 주거 문제를 겪어왔고 그에 따라 1인 주거의 대안으로 셰어하우스가 정착해 10년이 넘게 성장해왔다. 우주를 처음 기획할 때부터 일본의 셰어하우스를 참고했기에 일본 시장을 방문하고 싶다는 생각을 늘 품고 있었다.

그보다 먼저 일본 최대 셰어하우스 포털을 운영하는 '히츠지 부동산' 대표가 한국을 방문하면서 우리와 만나고 싶다는 소식을 전해왔다. 서울 소셜 스탠다드(ㅅㅅㅅ, 이하 쓰리시옷, www.3siot.org)의 성나연 님을 통해 제안을 전달받았다. 쓰리시옷은 '서울'seoul이라는 현상을 배경으로 그 안에서 벌어지는 사람과 사람, 시간과 사람, 공간과 사람 사이의 '상호관계'social 속에서 우리가 지지해야 할 지속 가능하고 보편적인 '기준'stanard은 무엇인지 발굴하고 공유하는 단체다. 서울의 주거 공간에 대한 다양한 활동을 하는 터라 우리와도 교류를 가져왔는데 성나연 님이 일본에서 유학할 때 히츠지 부동산과 인연을 맺은 것을 계기로 우리도 연을 맺게 되었다. 히츠지 부동산 역시 한국의 주거 시장이 일본과 비슷한 형태를 가졌기에 그동안 한국 시장에 많은 관심을 가져왔다고 한다. 미팅을 통해 우리는 한국 시장에서 어떻게 셰어하우스를 정착해나갈 것인지 설명했고, 히츠지 부동산은 이미 충분히 쌓인 노하우를 바탕으로 좋은 이야기를 많이 들려주었다. 일본 셰어하우스는 그동안 많이 진화하여 공간 구성이나 시설 및 디자인에 관해서는 부족함이 없지만

"셰어하우스에서는 사람이 공간을 이긴다"라는 말이 생길
정도로 시설보다 내부 운영이나 사람 간의 소통에서 많은
문제가 발생한다는 얘기가 인상적이었다. 그중에 가장 기억에
남는 두 가지가 있다.

첫 번째는 "셰어하우스에서 일어날 가능성이 있다고
생각되는 모든 문제는 실제로 일어날 확률이 높다"라는 것.
이는 우주도 셰어하우스를 운영하면서 절감한 이야기다.
두 번째는 "셰어하우스에서 가장 중요한 점은 다른 어떤
것보다도 보통 집을 만드는 일이다"라는 것. 이는 그동안
우리가 고민한 방향에 무척이나 의미 있는 조언이었다.
우주의 특장점으로 다양한 콘셉트, 예쁜 인테리어, 합리적인
가격, 좋은 사람들, 유용한 프로그램 등을 구상해왔는데
앞으로 무엇에 가장 집중해야 할지 질문하자 히츠지
부동산 다이스케 대표는 "집을 제공하는 사업자 입장에서는
무엇보다 사는 사람 모두가 편안한가에 초점을 맞춰 '평범한
보통 집'을 만들어주는 것이 가장 중요하다"라고 대답했다.
다시 말해, 독특한 콘셉트나 남다른 특징은 짧은 기간에는
흥미를 끌고 즐거움을 줄 수 있지만 오랜 시간 살아가는
집에서는 그런 것들이 오히려 부담스러울 수도 있다는
것이다.

이 대답에 우리는 모두 감명을 받았다. 남다른 차별화를
가져야 한다는 생각에만 사로잡혀 있었는데 사실 우리는
'살아갈 집'을 만드는 공급자다. 오랜 기간 머물러도 편안한

집. 그게 우리가 가장 기본으로 갖춰야 할 부분이라는 것을 잊지 않도록 환기해준 미팅이었다.

이 만남이 계기가 되어 우주는 구체적인 일본 방문 계획을 세웠다. 직접 보고 배우고 싶었고, 비슷한 시장 상황에서 협력할 만한 새로운 사업 가능성을 발견할 수 있으리라는 기대를 품었다. 원래는 모두 함께 출장을 가기로 했지만 일정상 동참하지 못하는 멤버를 제외하고 김정헌 대표, 계현철, 박형수 이렇게 셋이 출장을 다녀왔다. 생긴 지 얼마 안 된 청년 기업에서 해외 출장을 떠난다는 파격적인 이야기를 접한 주변 사람들은 놀라움을 금치 못했다. 김정헌 대표의 경영 철학에 따라 우리는 주저 없이 4박 5일의 일본 출장을 떠날 수 있었다.

앞서 언급했듯 이 출장에 우리에게 많은 도움을 주신 이태호 대표님의 아들 주훈이가 동행해 통역과 가이드를 선뜻 맡아주었다. 그런데 막상 일본에 히츠지 부동산을 제외하고는 다른 셰어하우스와 어떠한 인연도 없었기에 맨땅에 헤딩하는 방식으로 방문 업체를 선정해야 했다. 출장을 떠나기 전에 수많은 메일을 보냈지만 답장이 온 곳은 드물었고 답장이 오더라도 거절이 많았다. 듣도 보도 못한 한국의 작은 업체를 만나주려는 곳은 적었다. 하지만 두드리면 열린다고 한두 곳에서 우리의 방문을 반갑게 맞아주겠다는 답장을 받았고 일정 중에 그곳을 방문하게 되었다.

일본 출장은 우리에게 정말 큰 도움이 되었다. 약 10년간

우주에 방문한 히츠지 부동산 관계자와 함께

STEP → 5   주거 문제의 가려운 곳을 긁어주다

셰어하우스가 진화함에 따라 초기부터 현재까지 시기별로
다양한 형태와 특징을 가진 셰어하우스를 방문해 정보를
얻었다. 이 덕분에 다른 셰어하우스도 소개받아 총 다섯 곳을
방문했고 한국에서 만났던 히츠지 부동산도 직접 방문했다.
대표들의 경영철학 또한 다양해서 생각지 못한 조언도 많이
얻었다. 더욱이 우주처럼 브랜드를 구축해 여러 지점을
운영하며 한국이나 중국 진출까지 계획하는 곳이 있어서
자연스럽게 우리와 추가 사업 논의를 진행할 수 있었다.
지금까지도 지속적인 관계를 맺고 있다.
우주 또한 앞으로 중국, 인도네시아, 호주 등 다양한 국가의
기업 및 단체와 협력해 글로벌 시장으로 뛰어들기 위해
열심히 달리고 있다. 우주에는 국경도 제한도 없다.

1 원하는 집을 만들어드리겠습니다
2 주거 '문제'를 넘어 주거 '문화'로
3 우리도 에어비앤비처럼
4 우주, 국제 무대까지 진출?

5 # 일본 셰어하우스 방문기

주거 문제의 가려운 곳을 긁어주다

히츠지 부동산을 통해 일본 셰어하우스 산업의 큰 그림을 목격했다면 우리는 일본 출장에서 다섯 개 셰어하우스 업체를 방문하면서 그 실상을 낱낱이 파악할 수 있었다. 새로운 사업을 시작하는 스타트업에게 꼭 추천하고 싶은 일이다. 다행히 일본 셰어하우스는 우리가 추구하는 목표와 매우 비슷해서 우주를 만드는 데 크나큰 동력이 되었다. 가장 기억에 남는 두 곳을 꼽자면 긱하우스와 커넥트하우스이다. 두 업체를 통해 셰어하우스에 대한 이해가 한층 높아졌고 우주가 나아가야 할 방향이 확실히 잡혔다.

충격과 공포 그만큼 강력한 문화, 긱하우스

처음 긱하우스를 방문했을 때는 솔직히 충격 그 자체였다.
인터넷광, 게임광, 만화광 들의 셰어하우스라는 설명은
접하고 갔지만 지저분한 생활공간에 며칠은 안 씻었을 법한
입주자의 모습에 과연 셰어하우스가 사람들에게 이로운
것인지 자문할 정도였다. 일본 출장을 위해 한국에서 접촉할
당시 우리 일행을 무료로 재워주겠다고 해서 좋아했는데
막상 방문하자 누가 먼저랄 것도 없이 빨리 이곳을 벗어나고
싶다는 생각을 했다. 하지만 우리가 미처 몰랐던 사실이
숨어 있었다. 긱하우스를 통해 우리가 배운 키워드는 바로
'강력한 문화'이다.
처음에는 입주자들이 거실에 함께 있으면서도 말로 대화하지
않고 트위터로 소통하는 모습이 우리 상식으로는 이해가 되지
않았다. 하지만 곧 이는 우리의 편견일 뿐이고 그들은 이런
문화가 매우 익숙하고 편안하다는 것을 알게 되었다. 그렇게
통하는 사람들이 모여서 즐겁게 사는 곳이 긱하우스라는 것,
그게 바로 셰어하우스의 핵심이라는 것을 배웠다. 실제로
입주자들은 자신이 좋아하는 것에 대해 이야기할 수 있는
사람이 온/오프라인 24시간 함께여서 좋다고 입을 모아
이야기했다.
우리는 긱하우스 운영진을 존경할 수밖에 없었다. 우리처럼

누군가는 낯설어하거나 혹은 이상한 집이라고 생각할 수도 있지만 오히려 그를 바탕으로 독특한 문화를 지닌 단단한 커뮤니티를 만들었다는 게 대단했다. 외형은 조금 충격적으로 다가왔지만 집이란 원래 획일적일 수 없는 공간이다. 긱하우스가 구축한 문화는 바로 우리가 우주를 통해 만들고 싶었던 문화와 닮아 있었다. 더욱 놀라운 사실은 긱하우스가 일본에만 20개가 넘고, 싱가포르에 해외 지점까지 있다는 점이었다. 긱하우스는 우리에게 엄청난 자극이 되었다.

함께 꿈을 꾸는 집, 커넥트하우스

우주를 소개하는 영상을 만들 때 '함께 꿈꾸는 우주'라는
표현을 넣었는데 이는 바로 커넥트하우스에서 영감을
얻은 것이다. 셰어하우스를 일종의 취미로 운영하신다는
커넥트하우스의 대표님은 조 단위의 부동산 펀드를 운용하며
요리사와 창업가를 위한 셰어하우스를 운영하고 있었다.
이른바 '함께 꿈을 꾸는 집'이라는 구호 아래 대표님의 명성에
걸맞게 커넥트하우스는 매우 호화로운 시설과 기능적인 면이
강조된 셰어하우스였다.

요리사를 위한 집의 1층에는 고급 레스토랑 부럽지
않은 주방 시설이 완비되어 있고, 창업가를 위한 집에는
세미나실과 강의실이 구비되어 있었다. 커넥트하우스
입주자들은 부대시설을 자유롭게 이용할 수 있는데, 무엇보다
큰 혜택은 다양한 연계 프로그램이다. 요리사를 초청해
입주자를 대상으로 강연을 열거나, 창업가를 위한 집에서는
정기적으로 투자 설명회가 열려 입주자들이 자신의 사업을
소개하고 컨설팅을 받는 시간을 제공한다. 실제로 대표님이
입주자의 사업에 투자한 사례도 있다고 한다. 우리는
커넥트하우스를 보며 집은 가능성의 공간이라는 생각이
들었다. 우주의 입주자들 또한 단순히 자취방처럼 지내는 게
아니라 더 큰 시너지를 만들어가는 공간이 되기를 바랐던

STEP → 5　　　　　주거 문제의 가려운 곳을 긁어주다

우리의 바람이 이미 실현된 곳이었다.

커넥트하우스 대표님은 우리와 함께 협력해 한국에서
셰어하우스 사업을 함께 해보자는 얘기도 하셨는데,
우리의 가능성을 높게 평가해주셔서 감사했다. 실제로
커넥트하우스를 벤치마킹해 창업가를 위한 우주 1호점을
만들 때 '기업가 멘토링' 서비스를 제공했고, 요리를 좋아하는
사람들을 위한 7호점을 만들었을 때는 우리의 성취감도
남달랐다.

STEP → 6
본격 해부!
우주를
소개합니다

예비 창업가를 위한 집 서울시 종로구 권농동

🚌 버스(창덕궁 정류장), 지하철 5호선 종로3가역(도보 9분), 3호선 안국역(도보 8분)

🔼 덕성여대, 성균관대, 경복궁, 창덕궁, 인사동, 삼청동, 서울대병원

🏠 기본 공용 물품(냉장고, 세탁기, 가스레인지, 밥솥, 전자레인지, 식탁, 에어컨 등),
WI-FI, 보안, 방역 / 기본 개인 물품(옷장, 침대, 수납함 등) / 마당, 옥상 데크 이용

❗ 방 1개, 3인 1실(정원 3명), 남성용, 월 350,000원(1인)

우주가 시작된 곳
서울 도심 한가운데라고 믿기 힘들
정도로 조용하고 한옥이 많은 고즈넉한
동네. 그중에서도 눈에 띄는 빨간 대문이
우주 1호점이다. 밤이면 밝게 빛나는
간판이 생기를 더한다. 1호점만큼은
그 어떤 논리적인 조건 없이 '우리가
가장 살고 싶은 집'이라는 이유만으로
탄생했다. 가장 미숙했지만 그래서 가장
빛난다.

STEP → 6

지하철 환승역 역세권으로 교통도
편리하고 종묘의 담벼락을 마주하고
있으며 걸어서 3분이면 창덕궁에
닿는다. 작은 마당에는 적당한 테이블과
예쁜 전구로 손수 장식했다. 아담한
지붕 위에는 데크를 설치해 버려졌던
공간을 근사하게 만들어냈다. 우주가
생기고 나서는 주변에 게스트하우스와
카페도 들어오기 시작해서 우리도
여기에 집을 사둬야 하는 것 아니냐고
농담을 하곤 했다.
1호점은 우리가 두 달 동안 합숙한
집이기도 하기에 주택에 산다면 하고
싶었던 로망을 곳곳에 심어놓았다. 볕이
좋은 날이면 사다리를 타고 데크에 올라
함께 맥주를 마시곤 했다. 특히 밤에는
남산타워가 보이고 주변 한옥들의
지붕을 감상할 수 있어서 풍경이 곧

안주였다.
아파트 생활에 익숙한 사람이라면 불편할
수도 있지만 우리가 경험해보니 가장
재미있게 살 수 있는 집이다. 1호점은
남자 3인을 위한 집으로 큰 침실 하나에
세 명이 함께 쓰는 구조이다. 그 밖에
화장실, 거실, 주방, 마당 등 모두 공용
공간으로 처음에는 서먹하던 우리도 두 달
동안 이곳에서 매우 가까워졌다. 그래서
1호점의 콘셉트를 고민할 때 가장 가까운
곳에서 답을 발견할 수 있었다.
좋은 아이디어가 떠오르면 바로 토론하고
공유할 수 있는 집, 바로 창업가를 위한
집을 만들자. 함께 살면서 일을 하면
엄청난 시너지가 있다는 것을 몸소
체험했다. 물론 직장 동료와 함께 산다는
건 끔찍한 일일 수 있지만 젊은이들이 모여
의기투합한 팀이라면 더없이 좋을 것이다.

STEP → 6

STEP → 6

본격 해부! 우주를 소개합니다

지금도 1호점 오픈 행사는 기억에 남는다. 1호점을 예쁘게 만드는 데 가장 큰 공을 세운 소셜 디자인 그룹 '엔스파이어'Enspire를 비롯해 우주를 물심양면으로 지원해주신 MYSC 그룹 관계자 분들, 프랑스 최대 소셜 컴퍼니 그룹 SOS에서도 자리를 함께해주었다. 열매나눔재단, 서울석유, 착한가게, 임팩트 스퀘어에서도 찾아주셨고 무엇보다 개업 기념일이라 동네 분들과도 떡을 나누었다. 그동안 뭐하는 집일까 궁금해하던 질문들에 하나하나 답해드리며 조촐하고도 넉넉한 시간을 보냈다.

우주가 어떻게 만들어졌는지 그리고 앞으로 어떤 이야기들을 그려나갈지 오픈 행사의 마음을 잊지 말자고 다짐하며 초심을 다지는 시간이었다. 합숙할 때 처음에는 시끄럽다며 우리를 혼내시던 옆집 할머니도 집 앞 슈퍼 아주머니도 알고 보니 정말 좋은 분들이었고 동네의 정을 많이 느꼈다.

그런 만큼 첫 우주인 세 명을 뽑을 때 심혈을 기울였는데 처음 의도와는 다르게 하나의 창업팀이 입주하지는 않았지만 창업에 관심 있고 다방면에 흥미가 있는 대학생들이 입주하게 됐다. 국제기구 활동을 하며 창업을 준비하던 구총림 씨, IT에 정통한 최장호 씨, 미대에 다니는 백도현 씨로 세 사람의 개성이 모여 뭔가 새로운 일이 생길 것만 같은 구성이었다. 우주인의 조상 격인 이들 세 명은 지금은 계약이 끝나 함께 살지는 않지만 우주인 1, 2, 3호로 지금도 우리와 계속 연락하며 지내고 있다. 셋이 똘똘 뭉쳐 재미있는 일상을 만들어보고 싶은 우주인에게 1호점은 언제나 활짝 열려 있다.

🚌 4호선 회현역(도보 10분), 서울역(버스 10분)
🏔 남산, 남산시립도서관, 명동
🏠 거실, 부엌, 화장실
🚪 방 1개(정원 2명), 2인 1실, 남성용
　　(※2호점은 사업 용도로 운영하지 않으므로 가격 미기재)

서울의 죽은 공간을 살리다
우주 2호점은 서울 최초의 아파트이자
명소 중 한곳인 회현동 시범아파트에
자리해 많은 이들이 관심을 가졌다.
원래 재건축 예정지로 지정되어
서울시에서 100실이 넘는 집을 확보해
비어 있었지만 재건축을 전면
중단하면서 많은 공실이 문제가
되기도 했다.

서울시의 죽은 공간을 활용해 대학생과
사회 초년생이 살 수 있는 주거 공간으로
탈바꿈하는 게 우주 프로젝트의
취지이므로 잘 맞아떨어졌다. 그러다
한 독지가의 지원을 받아 우주 2호점이
탄생했다. 특히 국민대학교 교수님이
직접 집을 관리하며 멘토링을 해주었고
자연스럽게 국민대학교 미대 학생이
우주인으로 입주했다.

STEP → 6

STEP → 6

본격 해부! 우주를 소개합니다

인상적인 우주 간판과 인테리어는 2호점
우주인이 직접 도맡았다. 아기자기하고
훌륭하게 바뀐 공간에 놀랄 수밖에
없었다. 심지어 책상과 협탁을 직접
만들기도 했는데 우리가 직접 만든
1호점보다 나은 것 같아서 마음속으로
감탄을 금치 못했다.
많은 비용을 들이지 않고도 실제
거주하는 우주인이 자신들의 취향에 맞는
공간으로 만들어냈다. 내가 사는 집을
취향대로 꾸밀 수 있다는 점도 우주의

장점이다.
모두 미술을 전공하는 이들이라서 그런지
방마다 컬러풀한 작업용 소품과 흥미로운
물건들이 가득해 집에 있기만 해도 영감이
떠오를 것 같았다. 창문에 무심하게
걸어놓은 실내용 가운조차 묘한 분위기를
자아내 흥미로웠다. 어느 방은 수많은
옷과 소품으로 장식되어 있어서 빈티지
옷가게에 온 듯한 느낌이 들 정도로
색다른 기분이 들었다. 역시 집은 사는
사람을 반영한다.

공용 공간 한쪽에는 책과 미술품, 다양한 소품으로 꾸며져 있었는데 각양각색 개성으로 빛나는 집임에도 어수선하지 않고 오히려 한참 시간을 보내도 질리지 않을 것 같은 편안한 느낌을 줬다. 버려져 있던 빈집이 작은 노력과 사람의 온기로 이렇게 멋진 공간으로 변신했다는 점에 우리는 더욱 흥분했다. 아직도 남아 있는 시범아파트의 수많은 빈집들도 이렇게 활용할 수 있지 않을까? 언젠가 시범아파트에 더 많은 우주가 빛을 밝힐 그날을 꿈꿔본다.

STEP → 6

본격 해부! 우주를 소개합니다

🚌 버스(종로3가 정류장)
지하철 5호선 종로3가역(도보 3분), 1호선 종각역(도보 12분)

🏫 덕성여대, 성균관대, 서울대병원, 정독도서관, 낙원상가

🏠 기본 공용 물품 및 개인 용품 완비, WI-FI, 보안, 방역, 넓은 마당 및 다이닝 룸

💲 방 3개(정원 6명), 각 2인 1실
남성용 월 500,000원(1인) / 여성용 월 465,000원~485,000원(1인)

진격의 우주, 본부를 만들다
우주 탐험에 미항공우주국NASA이
있다면 셰어하우스 우주에도 전 지점을
관리하고 우주인끼리 교류할 수 있는
본부를 만들자는 것이 우리의 목표 중
하나였다. 3호점은 바로 그 꿈을 실현한
공간이다.
처음 3호점을 빌릴 당시 만해도 우리가
이렇게 큰 지점을 운영할 수 있을까
하는 걱정과 함께 '어머! 이건 해야
해!'라는 생각이 교차했다. 근사한
마당과 독채, 두 개의 화장실, 넓은
공용 공간까지 우리가 원하는 그림을
실현해줄 거라는 확신으로 조금 무리한
비용이 들었지만 추진하기로 결심했다.
이 경험은 뒤에 다른 지점을 열 때 많은

도움이 되었다. 당시에 사무실이 따로
없어서 드디어 3호점 한 켠에 사무실
터를 잡고 근무를 시작했다. 우리가
늘 상주했기에 우주인들과 가족처럼
지냈는데 돌이켜보면 너무 시끄럽지
않았는지 죄송한 마음도 든다.
낙원상가 근처에 위치한 3호점은
인사동과 삼청동을 걸어서 갈 수 있는
종로의 중심지에 있다. 주변에 맛집도
많고 악기상가를 구경하는 재미도
쏠쏠하다. 가장 큰 장점은 지하철 종로
3가역이 도보 3분 거리에 있다는 점이다.
대문을 들어서면 인조 잔디를 깔아둔
시원스러운 마당이 눈에 들어온다.
나중에 돈 많이 벌면 진짜 잔디를 심자고
의지를 불태우곤 했다.

STEP → 6

3호점 한옥은 처마가 두 겹이고 지붕이 매우 높다. 이웃 할머니께 여쭤보니 옛날 부잣집의 건축 방식이라고 한다. 전에는 100평 규모의 한의원으로 사용하다가 집을 두 개로 분리해 40평 정도의 공간을 우주가 사용하고 있다. 한옥의 멋을 살리면서도 시원시원한 공간이 돋보여 방송용으로 적합한 지점이다. 실제로 3호점에서 많은 방송 촬영을 하기도 했다. 우주의 본부를 추구하는 3호점인 만큼 다른 지점 우주인과 관심 있는 외부인 누구나 초대해 '오픈하우스' 행사를 진행하기도 했다. 젊은 기업의 장점을 살려 유쾌한 홍보의 장을 마련하고 싶었다. 1부와 2부로 나누어 1부에는 누구나 자유롭게 집 구경을 하고 인포그래픽 영상을 함께 보며 궁금한 점을 이야기하고 2부에는 마당에서 우리가 준비한 바비큐 파티를 했다.

1호점 우주인들이 일찍부터 방문해 손님이 아닌 터줏대감으로 일손을 도와주는 모습에 정말 한 가족처럼 느껴졌다. 서울 도심 한복판의 한옥 마당에서 갖는 바비큐 파티는 색다른 느낌이었다. 시골 팬션에 놀러온 것 같기도 하고 마을 잔치라도 벌인 기분이었다. 이곳에서 살면 늘 이런 정취를 즐길 수 있을 것 같았다.

STEP → 6

STEP → 6

본격 해부! 우주를 소개합니다

이런 공간의 장점을 살려 우주 3호점은
새로운 사람을 만나기를 좋아하는
활발한 우주인들이 거주하고 있다.
그래서 자취생활을 하면서도 자기계발에
적극적이고 다양한 분야에 흥미를 가진
우주인을 모집했다.
인디 음악과 영화에 관심이 많은
서민경 씨, 한국어를 공부하는 일본인
나카모토 치야키 씨, 바리스타 강승훈
씨, 홍보회사에 다니다가 우주에서 함께
일하게 된 윤선호 씨, 그리고 언제나
큰 웃음을 주는 창업팀 '플레이메이커'가
당시 3호점의 첫 우주인이 되었다.
도심 속 한옥에서 생기발랄하고
흥미로운 일들이 벌어지는 우주 3호점에
더욱 다양한 우주인이 함께하기를
희망한다.

4호점　슬로 라이프를 위한 집 서울시 종로구 옥인동

- 🚌 버스(우리약국/신교동 정류장)
  지하철 3호선 경복궁역(도보 15분), 1호선 종각역(도보 12분)
- 🏫 배화여대, 종로도서관, 통인시장, 종로보건소
- 🏠 기본 공용 물품 및 개인 용품 완비, WI-FI, 보안, 방역, 바비큐 그릴 구비
- ❗ 방 3개(정원 4명), 남성용, 1인실 월 430,000원, 2인실 월 375,000원(1인)

표정을 잃은 골목에 웃음을 되찾아주다
4호점은 종로구 옥인동에 위치한
단독주택이다. '슬로 라이프Slow Life를
위한 집'이라는 주제와 어울리게도
5월의 봄에 문을 열었다. 우리가 직접
찾아낸 집이 아니라 언론을 통해 우주를
접한 집주인이 직접 연락을 주어 의뢰한
첫 번째 지점이다.
통인시장을 거쳐 서촌 윗골목에

자리 잡은 옥인동 일대는 재개발 예정
지역으로 골목 주변이 빈집들로 이어져
있다. 오가는 사람이 적다 보니 거리가
슬럼화되어 비행청소년들의 탈선 장소로
전락해 파출소 관리 대상이었다. 4호점이
될 주택은 낡기는 했어도 잘 만들어진
단독주택이라는 매력이 컸고 무엇보다
슬럼화된 지역을 재생한다는 의미가 커서
우주가 추구하는 가치와 잘 맞았다.

STEP → 6 본격 해부! 우주를 소개합니다

우리는 이 일대를 과연 어떻게
변화시킬지 구상 단계에서 많이
고민했다. 그렇게 사람들이 지나다니는
골목부터 바꾸는 것을 첫 번째 목표로
삼았다. 먼저 밤 시간에 골목을 방문해
가로등 위치를 파악하고 분위기는
어떠한지 위험하지는 않은지 살폈다.
어두운 분위기에는 허름한 회색빛
골목이 단단히 한몫하고 있었다.
셰어하우스 우주 공사도 중요했지만
그보다 앞서 골목길 분위기 변화를 위해

벽에 페인트 작업을 하기로 했다.
여기저기 벗겨지고 온갖 낙서로 뒤덮인
회색 벽들을 알록달록한 색으로 칠해
분위기를 밝게 바꾸었다. 주변 집주인들의
동의를 얻어 4호점까지 골목길로 이어지는
주택들을 모두 다양한 색으로 칠했다.
그것만으로도 확실히 분위기가 달라졌다.
주변 이웃들도 굉장히 좋아하며 페인트가
남으면 자기 집도 칠해달라고 먼저
요청하기도 했다. 골목길 작업 이후에
4호점 리노베이션을 진행했다.

4호점은 지금까지 디자인 파트너로 함께 작업하고 있는 키트KIT와 처음 작업한 결과물이다. 홍성보 디자이너, 전종우 디자이너로 구성된 키트는 단독주택만의 결을 최대한 살리는 것을 목표로 살기 좋은 집을 만들기 위해 매진했고 훌륭한 실력으로 누구보다 만족스러운 결과를 구현했다.

슬로 라이프에 어울리게끔 조용하고 편안한 시간을 보낼 수 있는 공간 구성에 초점을 맞추었다. 거실에서 바깥으로 이어지는 테라스를 새로 만들고 테라스를 따라 이어지는 아담한 옥상, 그리고 기존에 있던 다락방을 살려 주택에서만 활용할 수 있는 공간들을 모두 의미 있게 구성했다. 방은 총 3개로, 1인실 2개와 2인 1실 1개로 구성되었다. 디자인도 마음에 들었지만 시공 과정에서 주거 공간에 신경 써야 할 부분들을 꼼꼼히 챙겨 단열 및 방풍 공사도 보강해 보이지 않는 부분까지 우주인이 살기 좋은 집으로 만들었다. 가구 디자인도 모두 제안해주었는데 흰색을 기본으로 한 주택 분위기에 깔끔한 나무 가구로 편안한 공간이 연출되어 저절로 휴식을 취하고 싶은 집이 되었다. 공용 공간의 테이블은 낡은 문틀로 디자이너가 직접 만들었다.

STEP → 6

본격 해부! 우주를 소개합니다

STEP → 6

본격 해부! 우주를 소개합니다

완성된 4호점은 그야말로 여유로운 일상에 걸맞는 결과물로 탄생했다. 넓은 공간에서 4명이 편안하고 즐겁게 지내기에 안성맞춤이다. 부엌에서 요리를 해서 거실에서 함께 먹을 수도 있고 조용히 책을 읽고 싶을 때는 다락방에 올라가 혼자만의 시간을 가질 수도 있다. 맥주 한잔 생각날 때는 옥상 의자에서 하늘을 보며 마실 수 있고 햇살을 쬐고 싶을 때는 테라스에 나가 차 한잔의 여유를 누릴 수 있는 집이다. 4호점의 매력은 이뿐만이 아니다. 서촌, 통인시장, 경복궁 일대 지역이 주는 문화적인 혜택도 많다. 4호점에는 박진호 씨, 김종오 씨, 서동범 씨, 이형희 씨가 첫 우주인으로 입주해 누구보다 재밌게 살아가고 있다. 우리가 예상한 것보다 더욱 다양하게 4호점을 활용하며 살아가는 모습에 우리도 놀랄 때가 많다. 사는 사람이 만들어가는 표정이 있는 집, 함께하실래요?

🚌 버스(국민은행 서교동)
      지하철 2호선 홍대입구역(도보 5분), 6호선 상수역(도보 10분)

🏛 홍익대, 서강대, 연세대, 마포평생학습관, 세브란스병원

🏠 기본 공용 물품 및 개인 용품 완비, WI-FI, 보안, 방역

❗ 방 3개(정원 6명), 각 2인 1실, 여성용, 월 420,000원~450,000원(1인)

우주인이 직접 채워가는 자신만의 공간

톡톡 튀는 매력으로 무장한 홍대에
위치한 셰어하우스 우주 5호점. 홍대
정문 앞 놀이터를 지나 젊음의 거리에서
도보로 약 14.8초(실제 걸어본 결과)면
도착이다. 길거리 공연, 플리마켓 등
다양한 개성이 공존하는 흥미로운 곳이다.
그에 맞게 공연을 즐기는 사람이라는
주제로 집 리모델링을 구상했다.
그런데 실무를 진행하는 입장에서 어쩌면
5호점 우주인들에게 만들어진 공간이
오히려 부담이 될 수도 있겠다는 생각이
들었다. 그래서 우주인을 모집할 때

공용 공간을 같이 디자인하자고
제안했더니 오히려 반응이 좋았다.
그래서 우주인들의 피땀으로 만들어진
멋스럽고 넓은 공용 공간이 5호점의
가장 큰 장점으로 떠올랐다. 홍대
젊음의 거리를 향해 난 큰 창문도
빼놓을 수 없는 매력이다.
창문 앞 침대에서 편하게 쉴 수도 있고
창밖을 보면서 개인 업무를 볼 수도
있다. 한정된 공간이지만 방문할 때마다
우주인들이 살아가면서 다양하게
변주하는 모습에 집이란 참 재미있는
공간이라는 생각을 더하게 되었다.

STEP → 6

STEP → 6

본격 해부! 우주를 소개합니다

각 방에는 수납장, 침대, 책상, 의자가 기본으로 비치되어 있고 방 면적과 편의를 고려해서 2층 침대가 놓여 있기도 하다. 개인 물건을 수납할 수 있는 공간도 충분하다. 어린 시절에 한번쯤 2층 침대를 써보고 싶었던 적이 없는지. 우주 창업자들은 모두 남자라 군대에서야 2층 침대를 사용해보았는데 삐걱거리는 쇳소리를 쏟아내는 통에 로망이 무참히 깨진 경험이 있었다. 그래서 좋은 목재를 사용한 2층 침대를 제작해 사용에 불편이 없도록 했다. 다른 셰어하우스와 마찬가지로 우주 5호점도 거주하는 우주인의 취향과 감각이 만나면서 더욱 발전했다. 처음에는 공간에 부족한 것 없이 꽉 채우는 것을 선호했는데 5호점을 기점으로 우주인들이 개별 공간에 자신만의 물건을 채울 수 있도록 비워두는 것이 좋다는 의견을 수렴해 진행했다. 우주인들과의 소통을 통해 지점이 늘어날 때마다 발전하는 모습을 지켜보는 일은 즐거웠다.

특히 여자 분들이나 인테리어에 관심 있는 우주인들의 감성을 만날 때면 굉장히 놀랍다. 가끔 업무로 지점을 방문할 때마다 그들의 손길이 닿아 집이 확실히 좋아지고 사람 냄새 나는 모습으로 변화하는 걸 보면서 새삼 사는 사람의 온기를 느끼고 많이 배운다.

5호점의 주제가 공연이라고 해서 반드시 공연 마니아가 입주 조건은 아니다. 다만 지루하고 반복되는 삶보다는 일상의 즐거움을 알고 삶의 활기를 찾길 원한다면 누구나 한 번쯤 살아보고 싶은 집이 되었으면 한다.

🚌 버스(8번지 슈퍼 정류장), 지하철 4호선 미아삼거리역(도보 14분)

🎓 동덕여대, 인덕대, 광운대, 서울대병원

🏠 기본 공용 물품 및 개인 용품 완비, WI-FI, 보안, 방역, 화재보험

❗ 방 6개(정원 11명), 남성용 2인 1실 월 370,000원(1인)
   여성용 1인실 월 420,000원, 2인실 월 330,000원~420,000원(1인)

세계를 품은 거실, 로망을 공유하다

거실에 그려진 커다란 세계지도가 여행의 꿈을 자극하는 집, 셰어하우스 우주 6호점이다. 여행을 좋아하는 사람이라면 누구나 세계지도를 보면서 자신이 다녀온 여행지의 이야기보따리를 풀어놓고 싶을 것이다. 자연스럽게 여행지 추억과 정보를 공유할 수 있는 집을 주제로 만들었다.

6호점이 의미 있는 또 다른 이유가 있다. 바로 여러 사람이 자발적으로 참여해 만든 집이라는 점이다. 집 내부 페인트칠부터 꽤 까다로운 외벽 칠하기, 공간 정리 등 여러모로 손이 가는 일이 많았는데 우주의 활동에 관심을 가져주신 신주욱 작가님과 자원봉사자들의 도움으로 수월하게 할 수 있었다. 이렇게 크고 작은 도움의 손길들이 젊은 소셜 벤처 우주만이 가질 수 있는 장점이 아닌가 싶다. 당시에 자원봉사자 분들이 대가 없이 즐거운 마음으로 고생해주신 덕분에 막막하기만 했던 6호점 공사를 끝내고 우주인들이 무사히 입주할 수 있었다.

이렇게 온정의 손길로 탄생한 6호점에는 총 11명의 우주인이 거주한다. 하나의 지점으로는 우주에서 가장 많은 인원이 거주하는 곳이다. 총 3층의 단독주택으로 원래 1층은 독립 공간이고 2층과 3층만 연결되어 있던 집을 개조해 모든 층이 연결될 수 있도록 구성했다.

STEP → 6   본격 해부! 우주를 소개합니다

3호점처럼 남녀 모두 거주하는 지점이다.
그래서 외부에서 걱정 어린 시선으로
바라보기도 했는데 막상 생활 면면을
들여다보면 개인 공간이 충분히 분리되어
있고 다른 성별의 사람들이 지내기
때문에 서로 조심하고 예의를 지켜서
이것이 오히려 장점으로 작용한다.
특히 6호점은 1층에는 남자들이, 2층과
3층에는 여자들이 거주해 분리되어 있다.
집에 따라서는 오히려 여자들만 지낼 때
안전 문제가 걱정되는 경우도 있는데
독립된 공간이되 남자 입주자들이 있어서
든든하다는 점도 있다. 물론 걱정하는
지점을 우리도 잘 알고 있기에 문제가
발생하지 않도록 예방 조치부터 지속적인
관리를 하고 있다.

STEP → 6

STEP → 6

본격 해부! 우주를 소개합니다

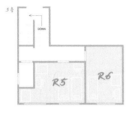

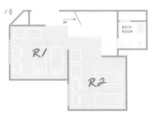

6호점은 여행자들을 위한 집인 만큼 감사하게도 땡칠이 항공사의 이성근 대표님이 함께해주시기로 했다. 우주인들이 여행을 할 때 도움을 주기로 약속했고 이를 통해 지점의 특징이 더욱 확고하게 자리 잡을 수 있었다. 우주 6호점을 통해 여행에 관한 즐거운 이야기가 펼쳐진다고 생각하면 우리도 덩달아 설렌다.

참, 여행을 좋아하는 사람이라고 해서 해외여행을 몇 차례 다녀와야 한다거나 대단한 여행담이라도 있어야 하는 줄로 오해하는 분들이 간혹 있는데 오해하지 마시기를. 여행이란 단순히 멀리 떠나는 것으로 규정하지 않는다. 가까운 나들이부터 몇 개월 무전여행까지 모두 여행이라고 생각한다. 다른 지점과 마찬가지로 여행을 즐기고 바라는 사람이라면 누구나 6호점에서 꿈을 키워갈 수 있다. 혹시 아는가. 이곳에서 멋진 여행 계획이 세워질지.

요리를 좋아하는 사람들의 집 서울시 동대문구 전농동

🚌 버스(휘경동 입구), 지하철 1호선 회기역(도보 9분)
🏫 한국예술종합대학교, 고려대, 경희대, 동대문정보화도서관, 병원 다수
🏠 기본 공용 물품 및 개인 용품 완비, WI-FI, 보안, 방역
❗ 방 3개(정원 5명), 여성용
　　1인실 월 450,000원, 2인실 월 370,000~410,000원(1인)

맛있는 사연이 흐르는 생명력 넘치는 집
요즘같이 1인 가구가 많고 가족끼리 밥
한번 먹기도 힘든 세상에서 가족처럼
모여 함께 요리하고 식사할 수 있는 집.
7호점은 그렇게 만들어졌다. 요즘은 소셜
다이닝social dining이라고 하여 밥 먹을
사람 없는 일명 '나홀로족'이 식사를
함께하기 위해 만나는 문화가 각광받고

있다. 혼자 자취해본 사람은 알겠지만
잘 챙겨 먹지 않아 건강도 나빠지고
막상 혼자 먹으려면 식비가 더 많이
들어 메뉴 선택에 제한이 있다. 무엇보다
외롭다. 소셜 다이닝은 그 점에 착안해
생긴 새로운 식사 문화다. 우주 7호점은
셰어하우스와 소셜 다이닝이 접목한
형태라고 봐도 좋을 것 같다.

본격 해부! 우주를 소개합니다

STEP → 6

본격 해부! 우주를 소개합니다

단독주택으로 집 본연의 느낌을 잘
살렸다는 점이 7호점의 특징이다. 그동안
여러 집을 만들어온 노하우를 활용해
구석구석 남는 공간 없이 알차게 구성했다.
예를 들면 뒷마당과 앞마당에 앉을 수 있는
휴식 공간을 꾸미고 화단을 만들어 '집
밥'이 주는 느낌과도 통하도록 생명력이
움트는 공간으로 리모델링했다. 화단에는
직접 동대문에서 꽃을 사다 심었다.
요리하기 좋고 식욕이 당기는 공간의
느낌을 살리기 위해 다른 지점보다 부엌에
더욱 신경을 썼다. 아일랜드 식탁을
배치하고 곳곳에 주방도구와 식기를 넣을
수 있는 수납공간을 충분히 마련했다.
안전한 전기스토브도 설치했다.
방은 2인 1실 2개와 1인 1실로 1개로
구성되어 총 5명의 우주인이 살고 있다.
각 방에는 다른 지점과 마찬가지로
기본적으로 침대, 수납장, 책상, 의자를
배치했다. 좁은 공간을 효율적으로
사용하도록 가구를 배치했는데 정갈하고
아기자기해서 다른 지점과 또 다른 새로운
느낌이 난다. 주제에 따라 다양한 집의
느낌이 연출되는 것을 지켜보는 것은
셰어하우스 우주를 운영하는 또 하나의
묘미다.

STEP → 6

본격 해부! 우주를 소개합니다

요리사 출신이거나 대단히 요리를 잘해야 입주가 가능한 것은 아니다. 그저 요리를 취미로 하거나 혼자 자취를 오래 해온 분들도 많다. 아무래도 관심이 많은 분들이 입주하다 보니 합숙하면서 라면이나 볶음밥을 주로 해 먹던 우리와 비교하면 음식 솜씨가 놀라울 정도로 훌륭했다.

멋진 부엌이 있는 공간에서 서로 음식을 만들어 먹으며 친목의 시간을 갖고 즐겁게 식사할 수 있는 집. 7호점 우주인의 조건은 말하자면 잘 먹는 분이라 할 수 있겠다. 밥을 함께 먹는 것만큼 친밀해지는 방법도 드물다. 식사를 통해 가족의 의미를 되새기고 행복한 추억을 간직하고 돌아갈 수 있는 집이기를 소망한다.

8호점 독서를 좋아하는 사람들의 집 서울시 마포구 현석동

🚌 버스(신수중학교), 지하철 6호선 광흥창역(도보 9분)
🏫 서강대, 홍익대, 이화여자대, 세브란스병원
🏠 기본 공용 물품 및 개인 용품 완비, WI-FI, 보안, 방역
❗ 방 4개(정원 7명), 여성용
　 1인실 월 600,000원, 2인실 월 480,000~550,000원(1인)

긴 하루 끝에 좋은 책이 기다리는 집
8호점은 처음으로 아파트에 만들어진 지점이다. 한강이 내려다보이는 전망과 책을 좋아하는 사람이라면 한 번쯤 꿈꿔봤을 법한 책장 인테리어가 돋보이는 집이다. 드디어 우주에 전속으로 이민우 디자이너가 참여하면서 세심한 부분까지 더욱 아기자기하게 인테리어를 손보게 되었다. 한강을 바라보며 책을 읽을 수 있는 8호점에 있다 보면 하루의 묵은 때를 씻고 마음의 위로를 얻는 듯한 기분이 든다. 8호점 책장은 기증받은 책으로 채워서 더욱 의미가 깊다. 우주 공식 페이스북을 통해 책 기증 이벤트를 진행했고 예상보다 호응이 높아 금세 책장을 채울 수 있었다. 기증해주신 분들에게 조금이나마 감사한 마음을 표현하고자 입주 우선권을 전달했다.

우주 전속 디자이너가 직접 만든 거실 테이블은 인테리어 균형을 맞추면서도 8호점의 특색에 맞게 제작되어 독서하기 좋은 공간이 더욱 돋보인다. 처음 아파트를 도입하자 입주자들 만족도가 높아서 우주인과 우리 모두 기분이 좋았다. 물론 7호점까지 한옥과 주택 또한 아파트에서는 느낄 수 없는 운치와 매력이 있지만 생활 면에서 불편한 점들이 발생해 볼멘소리를 듣는 일도 더러 있었다. 그래서 이후로는 반드시 한옥이나 주택에 제한을 두지 않고 지점 특성에 맞게 집을 선택했다.

STEP → 6

STEP → 6

본격 해부! 우주를 소개합니다

시인 겸 수필가인 캐슬린 노리스는
"긴 하루 끝에 좋은 책이 기다리고 있다는
생각만으로 그날은 더 행복해진다"라고
말했다. 학교에서 직장에서 각자 그들만의
리그에서 고된 하루를 보낸 우주인들이
집에 돌아와 책과 함께 휴식하는 집 그리고
책을 좋아하는 사람들과 함께 '공유하는
삶'을 통해 더욱 행복해졌으면 좋겠다.

🚍 버스(신수중학교), 지하철 6호선 광흥창역(도보 10분)

🅰 서강대, 홍익대, 이화여자대, 세브란스병원

🏠 기본 공용 물품 및 개인 용품 완비, WI-FI, 보안, 방역
　 스크린, 빔프로젝트, 오븐, 와인 셀러, 신발 살균기 등 구비

❗ 방 4개(정원 8명), 각 2인 1실, 여성용, 월 500,000~650,000원(1인)

내 삶의 주인공을 꿈꾸는 집

여의도와 한강이 한눈에 보이는 맨션인 9호점은 셰어하우스 우주 지점을 통틀어 가장 시설이 좋다. 영화를 좋아하는 사람들의 집인 만큼 프로젝터와 대형 스크린을 설치한 거실에 들어서면 영화관에 온 듯한 분위기가 연출된다. 퇴근 후나 주말에 우주인들끼리 영화를 볼 수 있다. 거실의 전면 유리창을 가린 붉은 암막 커튼은 영화관의 느낌을 한껏 살린다. 우주 디자이너가 나무 팔레트를 활용해서 직접 제작한 소파도 운치를 더한다. 나무 팔레트는 자재용으로 만들어진 것이라 가구로 쓰려면 거친 면을 다듬어야 하는데 직원들이 모두 나서서 무한 사포질을 하느라 고생한 기억이 난다. 그래도 우주인들이 소파에서 보낼 즐거운 시간을 상상하며 힘을 낼 수 있었다.

이렇게 만들어진 9호점의 3층 소파는 일반 소파보다 훨씬 넓어서 앉거나 누워서 혹은 마음대로 기대서 편하게 영화를 즐길 수 있다. 4개의 스피커를 설치해 빵빵한 서라운드 음향도 가능하다. 인테리어뿐만 아니라 음향 시설까지 꼼꼼하게 챙겼다.

STEP → 6

본격 해부! 우주를 소개합니다

우주 디자이너는 시중에 파는 가구나 소품을 활용하는 데서 그치지 않고 셰어하우스 우주에 맞춤한 물건들을 직접 만들어 우주를 더 우주답게, 우주인이 더 편리한 생활을 할 수 있도록 디자인한다. 9호점의 명물이 된 달력은 우주인들이 거실에 모여 대청소 날을 정한다거나 룸메이트의 생일을 미리 확인하는 등 소소하고 특별한 역할을 톡톡히 한다. 9호점 맨션은 모든 가구가 빌트인 되어 있어서 집 자체는 훌륭했지만 한편으로 우리가 해결해야 할 숙제이기도 했다. 집을 손볼 필요가 없을 만큼 깔끔했기에 주제에 맞게 셰어하우스 우주의 색깔을 입히는 작업이 쉽지 않았다. 그래도 원래 집이 가진 특성과 집주인, 우주인 사이에 균형을 찾아가면서 즐겁게 작업했고 무엇보다 우주인들의 만족도가 높아서 보람이 있었다.

우리는 모두 '나'라는 영화의 주인공이다. 여기, 영화를 좋아하는 사람을 위한 셰어하우스에서 우주인들이 자신의 영화를 완성하며 즐겁게 살아간다면 그게 바로 우리가 꿈꿨던 우주의 성공이 아닐까 생각해본다.

KITCHEN

R4

BATH
ROOM

LAUNDRY
ROOM

POWDER
ROOM

LIVING ROOM

R1

R2 R3

BATH
ROOM

STEP → 6

본격 해부! 우주를 소개합니다

🚌 버스(제기시장, 우신향병원)
　　지하철 6호선 고려대역(도보 15분), 6호선 안암역(도보 10분)

🔼 고려대, 경희대, 한국외대, 제기시장, 경동시장

🏠 기본 공용 · 개인 용품 완비, WI-FI, 보안, 방역
　　10호점 커피 머신 · 11호점 와플 기계 구비

❗ 10호점: 방 6개(정원 9명), 남성용, 2인실 월 380,000~455,000원(1인),
　　1인실 500,000원 / 11호점: 방 6개(정원 9명), 여성용, 금액 위와 같음

아랫층 남자와 윗층 여자

10호점과 11호점은 한 건물의 2층과 3층을 개조해서 만들었다. '커피 좋아하는 남자, 디저트 좋아하는 여자'라는 주제로 커피와 디저트의 조합만큼이나 설렘이 느껴지는 지점이다. 이 건물은 원래 층마다 독립된 방 4개로 되어 있는 구조인데 셰어하우스를 만들기 위해 층을 터서 하나의 집으로 만들었다. 우주 이래 가장 대대적인 공사였다. 보일러 배선도 다시 하고, 총 4개였던 화장실은 2개만 남기고 나머지는 없었다.

10호점과 11호점은 여러 면에서 새로운 시도였다. 한 건물에 두 개의 셰어하우스가 들어선 것, 독립된 공간으로 나뉜 건물을 한 층의 벽을 모두 허물어 하나의 집으로 만든 것, 한 층은 남자, 한 층은 여자가 거주하면서 '따로 또 같이' 사는 셰어 라이프를 만든 것, 한 층에 9명이라는 가장 많은 사람이 입주한 것 등 모든 것이 처음이라 해도 과언이 아니다. 우주를 하면서 뭐가 가장 재미있는지 누군가 묻는다면 매 지점을 열 때마다 새로운 주제를 시도하여 공사 이후 눈앞에 펼쳐지는 희열이 아닐까 한다. 성공과 실패에 대한 계산 없이 우리가 함께 무언가를 만들어간다는 자체가 늘 자극이 된다.

STEP → 6

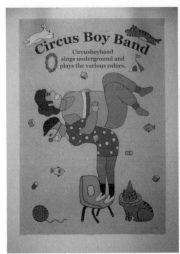

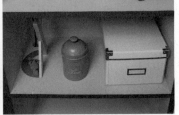

STEP → 6

본격 해부! 우주를 소개합니다

9명이 생활하기에 방도 충분하고 공간도 여유롭지만 공용 공간은 조금 좁다고 느껴질 수도 있다. 그런 공간일수록 구획을 잘 하면 더 넓게 쓸 수 있고 효율을 높일 수 있다. 디자이너는 그 부분에 특별히 신경을 썼다. 예를 들어 집이 좁게 느껴진다고 해서 거실과 부엌을 분리하지 않고 터버리면 오히려 부엌에서도 거실에 있는 느낌이 들고, 거실에서도 부엌에 있는 느낌이 들어 더 비좁게 생각된다. 그래서 부엌과 거실에 가벽을 만들어 공간을 분리하고 홈바를 구성해 오히려 멋진 장소로 변신했다. 홈바 아래에는 여러 명이 사용해도 부족하지 않을 만큼 넉넉하게 수납공간도 만들었다. 커피와 디저트를 주제로 한 만큼 집에

들어섰을 때 카페 분위기를 느낄 수 있도록 곳곳에 포인트를 주었다. 10호점의 한쪽 벽에는 커피자루를 걸어서 멋진 인테리어를 장식했다. 우주의 장점을 꼽으라면 지점마다 테마가 살아 있다는 점이 한몫 톡톡히 할 것이다. 제기동에 위치한 10호점과 11호점 밖을 나서면 바로 경동시장이 있다. 요즘 찾아보기 힘든 옛 세탁소와 정육점 등을 어렵지 않게 만날 수 있다. 대학가 특유의 흥이 느껴지면서도 시장의 정겨움이 더해 살면 살수록 매력적인 동네이다. 최근 입주를 마친 두 지점의 우주인들은 위아래 층에 따로 살지만 함께하는 즐거움을 맘껏 누리고 있다고 한다. 이런 얘기를 들을 때면 셰어하우스 하길 참 잘 했다는 생각이 든다.

그리고 우주는 계속된다

우주는 계속 성장하고 있다. "집을 공유한다는 게 정말
가능할까?"라는 작은 의문에서 시작한 실험은 1년 만에 놀랄
만한 결과를 보여주었다. 앞으로 셰어하우스의 질을 더욱
높이고 주거 전반에서 서비스를 제공하는 기업으로 성장하기
위해 준비하고 있다. 우주는 주거 문제로 고민하는 대학생들을
위한 사업에서 지금은 세계적으로 일고 있는 공유경제의
흐름을 타고 부동산 시장에도 변화를 주도하고 있다.
침체기에 접어든 부동산 시장은 수익형 부동산에 대한 관심이
뜨거웠고, 셰어하우스는 그에 부합하는 대안이 되었다.
이 덕분에 우주는 서울시 인증 공유기업으로 선정되어
공신력이 높아진 만큼 더욱 책임감을 느낀다.
우주는 앞으로 몇 가지 계획을 세우고 있다.
첫째, 서울 이외에 다른 도시로 진출을 준비하고 있다.
한번은 용인에서 대학교를 다니는 학생으로부터 우주를
만들어달라는 요청을 받았는데 다른 지역 학생들에게도
셰어하우스를 경험할 수 있는 기회를 만드는 일은 우리에게도
의미가 있다. 먼저 수도권 대학교 인근 도시부터 시작해서
전국으로 확장하기 위해 노력하고 있다. 그리하여 나중에는
세계적인 셰어하우스를 만들자는 원대한 꿈을 갖고 있다.
북경, 상해, 도쿄, 뉴욕 등 전 세계 대도시에는 청년 주거

본격 해부! 우주를 소개합니다

문제가 매우 심각하다. 우리는 셰어하우스로 이 문제를
해결할 수 있다고 자신하며 글로벌 진출을 모색하고 있다.
우주 서울 지점에서 상하이 지점으로 이사하는 입주자를
상상하는 일은 우리에게 더없는 즐거움이다.

둘째, 주택 관리를 하면서 겪은 불편을 해결하기 위한
애플리케이션을 개발하고 있다. 세입자와의 모든 업무 처리가
오프라인으로 진행되면서 사소한 잡무들이 매우 많았는데
비효율적인 면이 있었다. 이 부분을 모바일로 대체하면 정말
편리한 시스템을 구축할 수 있을 것이다. 특히 우주를 직접
운영하면서 얻은 노하우를 반영해 일반 임대 사업자 또는
외국의 셰어하우스에도 수출하기 위해 준비하고 있다.

셋째, 일종의 우주 정거장을 만드는 일이다. 우주는 1호점,
3호점 한켠에서 사무실을 대신하던 시절을 거쳐 2013년에는
연세대 창업지원단으로부터 공간을 제공받아 연세대학교
입주 사무실을 사용했다. 당시 3호점의 첫 우주인이었던
'플레이메이커' 분들과도 인연이 되어 사무실을 나누는
동기가 되었다. 비록 작은 방 한 칸이었지만 어엿한
사무실이 생겼다는 마음에 창업 멤버들 모두 정말 기뻐했다.
임대가 끝나고 2014년부터는 새로운 사무실로 이사하여
우주인들에게 특별 할인을 제공하는 카페도 함께 운영할
예정이다. 우주인들이 휴식을 취하러 오고 예비 우주인들이
언제든 놀러와 정보를 공유할 수 있는 장소가 된다면 더없이
좋을 것이다.

STEP → 7
우리는
우주인
입니다

콩고에서 온
우주인 1호의 편지

2   시간이 지나도 잊을 수 없는 우주인

3   새로운 사람을 만나는 즐거움, 함께 사는 든든함

4   집주인에 대한 안 좋은 편견을 버리자

5   프로젝트 OK, 우주도 OK, 우리도 OK

6   우주가 우리에게 남긴 몇 가지

7   우주를 밝혀준 인턴들의 활약

8   너 우주 알아? 나 요즘 거기에 푹 빠졌다!

STEP → 7   우리는 우주인입니다

안녕하세요.

저는 아프리카 콩고에서 농촌개발사업에 참여하고 있는
구총림이라고 합니다. 먼저 자리에 직접 참석하지 못해
죄송하고, 타지에서 고생하는 부족한 동생을 위해 대신
기꺼이 참석해준 현선 누나에게 진심으로 감사합니다.
(고마워요. 누나~^^)

물과 전기가 불안정한 이곳에서 살기란 여간 힘든 게
아니지만, 이제는 물과 전기만 있으면 어디가 됐든지 살 수
있을 것 같다는 자신감도 동시에 갖게 해준 것 같습니다.
이곳에서 농업으로 생명을 부지하는 사람들 입장에 서기
위해 나름 노력을 하고 있지만 살아온 배경이 한국인지라
지금까지 제가 누려온 것들을 마음속으로 포기하지 못해
찾아오는 스스로의 한계도 많이 느끼고 있습니다.

그러나 속을 들여다보면 한국의 주거 사정도 안타까운 부분이
많은 것 같습니다. 부동산 문제는 어디 하나 함부로 손을
댈 수 없을 만큼 심각한 문제로 남아 있고요. 그래도 희소식은
우주와 같이 참신한 시도를 하는 분들이 있다는 사실입니다.
프로젝트를 멀리서나마 듣고 보면서, 집에 담긴 따뜻한 철학
하나를 발견할 수 있었습니다.

맞는지는 모르겠지만 저는 그것을 "공간의 나눔을 넘어선 삶의 나눔"이라고 생각합니다.

대학을 다니면서 굉장히 다양한 공간에서 살아본 경험이 있습니다. 할머니가 혼자 계신 가정집에 방 하나를 빌려서 세 들어 살기도 하고, 닭장같이 얼굴만 밖으로 내밀 수 있는 조그만 창문이 있는 고시원에 살아보기도 하고, 어떤 때는 그 창문마저도 없어서 불을 끄면 암실이 되는 곳에서 살다가 병원비로 많은 돈을 축낸 적도 있습니다. 기숙사는 분주한 규칙과 불필요한 제약들로 사생활이 없는 경우가 많았고, 시야가 좋은 집을 찾기 위해서 학교에서 걸어서 40분이나 떨어진 산꼭대기에 있는 집을 구하기도 했습니다.

저도 이야기를 하다 보니 지금까지 저의 생활에서 집이 차지하는 비중이 이렇게 큰지 몰랐네요. 그런데 제가 이렇게 집을 찾아 나선 이유는 좋은 집에 살기 위해서도 있겠지만, 그 집에서 제가 가질 수 있는 추억거리를 간직하기 위한 마음이 크기 때문입니다.

밖에서 아무리 좋은 곳에 있다 하더라도 집만 한 곳은 없다고 합니다. 내가 살아가는 집이라는 공간에서 벌어지는 수많은 일은 일상적이지만 결코 평범하지 않은 시간입니다. 그래서 저는 우주의 첫 번째 프로젝트로 시작된 1호점이라는 특별한

의미를 가진 이 집에서 마음껏 삶을 나눠보고 싶습니다. 집에
정도 주고, 사람들과 밤새 토론도 하고, 외출을 했다가도
집에 돌아가고 싶고 사람이 기다리고 있는 그런 공간이 되도록
애정을 쏟고 싶습니다.

제 이야기가 길어졌습니다. ^^;
저도 제가 집에 대해 이 정도의 애착을 갖고 있는지 몰랐는데
제가 서울에서 가장 사랑하고 손바닥 위처럼 눈 감고도
곳곳을 찾아갈 수 있는 종로에 집이 위치해 있다고 하니 신이
난 것 같습니다.

그냥 살아갈 집이 아니라 특별한 삶의 일부를 함께할 집을
갖고 싶습니다. 그리고 무엇보다 우주의 프로젝트를 돕고
멋진 집이 생기면 꼭 해보고 싶었던 일들을 함께 추진해보고
싶습니다.

1. 종로에 방문하는 사람들이 집 대문 앞을 서성이면서
   궁금해하는 집 만들기
2. 르네상스의 메디치 가문의 식탁처럼 다양한 삶과
   문화를 나눌 수 있는 하우스 파티 열기
3. 빌 게이츠의 차고와 같이 함께 고민하며 종로와 서울
   그리고 한국을 위해 일할 수 있는 열정을 심기
4. 우주에 사는 사람들의 이야기를 엮어서 우리만의 잡지

만들기
5. 잊고 지내던 가족 구성원이라는 삶의 희로애락을
    함께 나누기

기대가 너무 큰가요? 아프리카에서 살면서 오히려
한국에서는 느끼지 못한 한국인의 정과 사랑을 많이
느낍니다. 가끔 한국 분들이 집으로 초대해서 음식을 나누고
이야기를 나눠주실 때마다 이곳에서 살아갈 큰 힘도
얻었고요. 좋은 마음이 깃든 곳이 바로 좋은 집인 것 같습니다.

이제 한국에 돌아가면 다시 도약할 새로운 집으로 우주에
꼭 들어가고 싶습니다. 우주 1호점을 멋지게 짓기 위해
고생하신 관계자 분들과 우주를 발견한 행운을 안겨준 현선
누나에게도 진심으로 고맙다고 이야기하고 싶습니다.

감사합니다.

구총림 드림

이 편지의 주인공 구총림 씨는 우주
1호점의 첫 입주자로 사연 또한 매우
특별하다.
구총림 씨는 케냐의 콩고에서 일하고
있었기 때문에 입주 이전까지 실제로
만나 뵌 적이 없다. 우주 타임에도
지인이 대신 방문했는데 알고 보니
지인의 소개로 우주에 지원한 것이었다.
구총림 씨와 함께 지내본 경험이
있는 지인을 통해 구총림 씨에 대한
믿음이 생겨났다. 무엇보다 케냐에서
직접 보내주신 편지가 우리의 마음을
흔들었다. 하나하나 집의 의미와 우리가
우주를 만들고자 하는 이유와 닿아
있었고 진솔한 이야기에 감동해서
우주 블로그에 소개하기도 했다.

1   콩고에서 온 우주인 1호의 편지

2   시간이 지나도 잊을 수 없는 우주인

3   새로운 사람을 만나는 즐거움, 함께 사는 든든함
4   집주인에 대한 안 좋은 편견을 버리자
5   프로젝트 OK, 우주도 OK, 우리도 OK
6   우주가 우리에게 남긴 몇 가지
7   우주를 밝혀준 인턴들의 활약
8   너 우주 알아? 나 요즘 거기에 푹 빠졌다!

STEP → 7

처음이 갖는 의미는 실로 대단하다. 겁 없는 창업도 그러했고, 파란만장 우주 1호점 오픈도 그러했지만 우주를 완성하게 해준 첫 우주인은 결코 잊을 수 없다. 아마 오랜 시간이 지나도 그분들이 입주하던 순간의 기쁨과 소중함을 잊지 못할 것 같다.

구총림 씨와 함께 최장호 씨, 백도현 씨 이렇게 세 명이 공식 첫 우주인이 되었다. 그중에서도 최장호 씨는 우주에 가장 먼저 지원한 우주인이기도 하다. 당시 동국대학교 학생으로 지금까지 입주신청서를 최장호 씨만큼 열의 있게 작성한 사례가 없다. 사진에 이야기를 엮어서 본인의 삶을 반영해 신청서를 작성했는데 입주신청서의 올바른 예로 고이 보관하고 있다.

백도현 씨는 우주인 공식 훈남으로 갓 미대에 입학한 새내기였다. 새내기여도 이미 자취 경험이 있는데다 생각이 깊고 차분한 이미지로 조숙하고 재미있게 대화를 이끌어가는 여유가 있었다. 입주 이후에 그 누구보다 1호점에 애정을 보여주었다.

그 밖에도 본격 우주인이 되지는 못했지만 우리에게 앞으로 나아가야 할 방향을 심어준 몇몇 지원자, 옆에서 응원을 아끼지 않고 큰 힘이 되어준 명예 우주인들이 기억에 남는다. 하루는 대학에 입학하는 새내기 여학생과 부모님이 우주 1호점에 함께 방문했다. 예정에 없던 일이라 놀라기도 했고, 부모님과 방문한 첫 사례여서 긴장하기도 했다. 다행히

부모님도 학생도 1호점에 만족해서 정말 감사했다. 아쉽게도 당시 남자 우주인을 선발했기에 함께하지는 못했지만 그날의 기억이 잊혀지지 않는 것은 우리도 서울에서 집을 찾아다닌 경험이 있었기에 누구보다 그 마음을 잘 알기 때문이다. 그때 참 막막했던 기억이 떠올랐다. 그래서 우주 말고도 대학가 근처에 살 만한 곳으로 우리가 아는 한에서 최대한 조언을 해드렸다. 그때 처음으로 우리가 정말 의미 있는 일을 하고 있구나 생생하게 다가왔다.

또 한번은 영화 일을 너무 하고 싶어서 지방에서 홀로 상경한 대학생이 있었다. 서울에 아무 연고도 없이 꿈을 쫓아 상경한 여학생이었는데 우리 모두 대단하다는 생각을 했다. 두려움을 뒤로하고 하나하나 직접 부딪쳐보려는 의지를 보고 우리도 많은 동기부여를 받았다.

그리고 언제나 고마운 오솔미 씨. 밝고 명랑한 오솔미 씨는 처음으로 서울 구경을 온 날 우주를 방문해주었는데 손 한가득 선물이 담긴 쇼핑백을 들고 찾아왔다. 같은

대학생이고 또래라 대화가 잘 통했고, 이런저런 이야기를
많이 나누었는데 그 뒤로도 우주의 중요한 행사가 있을
때마다 항상 참석해 우주를 꾸준히 지지해주는 분이다. 학교
수업에서도 우주를 주제로 발표를 진행한 적이 있다고 한다.
정말 감사할 따름이다.

여전히 많은 분들이 오가고 있지만 현재 가장 오래
우주인으로 살아가고 있는 우주 터줏대감 4호점 박진호 씨,
우주 최초 외국인이었던 3호점의 치아키 씨, 누구보다 재밌게
살고 있는 4호점의 서동범, 이형희, 김종오 씨 등이 유난히
기억에 남는다. 우주를 통해 엮인 인연들이 참으로 재미있다.
역시, 집이기에 가능한 유대가 아니었을까.

1   콩고에서 온 우주인 1호의 편지
2   시간이 지나도 잊을 수 없는 우주인

3 새로운 사람을 만나는 즐거움, 함께 사는 든든함

4   집주인에 대한 안 좋은 편견을 버리자
5   프로젝트 OK, 우주도 OK, 우리도 OK
6   우주가 우리에게 남긴 몇 가지
7   우주를 밝혀준 인턴들의 활약
8   너 우주 알아? 나 요즘 거기에 푹 빠졌다!

STEP → 7   우리는 우주인입니다

우주인에게는 특별한 자격이 필요 없다. 그래서 누구나 할 수 있지만 그렇기에 동시에 누구나 되기 힘들다는 의미도 된다. 우주인 신청은 사전 대기자에 이름을 올리기만 하면 되는 간단한 절차로 시작되며 가능한 모든 분을 지점에 초대해 만나보도록 한다.

현장에서 예비 우주인을 만나면서 가장 감사한 점은 셰어하우스 우주에 대한 큰 기대를 느낄 수 있다는 점이다. 반면에 늘 죄송한 점은 '집'이라는 공간이 가진 한계다. 아무리 공간을 나눈다 해도 서울에 위치한 집에서 수용할 수 있는 인원에 한정이 있기에 모두 수용할 수 없다는 아쉬움이 크다. 보통 입주 경쟁률은 5대 1 정도다.

우주인을 모집할 때 우리가 사람을 평가하는 것이 아니라 서로 잘 맞을 만한 분들을 고려해 더 잘 지낼 수 있도록 도와주는 역할을 한다고 설명을 드리지만 막상 입주가 좌절되면 혹시나 마음에 상처를 받거나 우주에 대해 조금이라도 안 좋은 마음을 갖게 될까 봐 두렵기도 하고 안타깝기도 하다.

하지만 새로운 사람을 만나는 즐거움 또한 말로 다 할 수 없다. 다양한 개성을 지닌 분들이 각자 왜 우주에 입주하고 싶은지를 이야기를 들려준다. 거기에서 또 응원을 얻는다. 보증금이 저렴해서, 셰어하우스라는 문화를 체험해보고 싶어서 등등 많은 의견이 있지만 우리가 생각보다 놀란 건 많은 분들이 혼자 살면서 외로워하고 있다는 점이다.

자취생활을 6년 가까이 하면서 이제는 혼자 음식을 해먹는 데에 지쳤다는 분도 있고, 비좁은 원룸이나 고시원에서 지인조차 초대할 수 없어서 항상 혼자 지낸다는 분도 있었다. 그런 이야기에 마음이 움직인다. 역시 사람들이 바라는 건 단순히 가격이 저렴한 집이 아니라 정서적인 면이 매우 큰 비중을 차지한다는 것이다. 단지 생활에 박해서, 마음이 팍팍해져서 잊고 지냈을 뿐이다.

그래서인지 셰어하우스 우주에서의 일상을 궁금해하는 사람이 많다. 정말 그들이 생각한 대로 따뜻한 집의 풍경이 그려질지, 실제 생활은 어떠한지 호기심이 전해진다. 그래서 페이스북이나 블로그를 통해 간접적으로나마 체험할 수 있도록 소소한 일상 이야기를 많이 공유하려고 한다. 사실 '우주 타임'이나 실시간 인터넷 매체를 관리하는 일은 우리처럼 작은 기업 입장에서는 굉장히 복잡한 절차이다. 하지만 그만큼 더 많은 사람들에게 함께 살고 싶은 사람이 있는 친근한 공간을 전하는 일이 중요하다고 생각한다.

우리가 창업하면서 처음부터 강조한 다짐은 '우리는 집주인이 아니다'라는 것이다. 이런 마음으로 우주인들에게 다가가 그들을 돕는 존재가 되었고 결과적으로 더 친근한 관계를 맺을 수 있었다. 하지만 친근하다고 해서 대충 넘어가거나 우리가 제공해야 할 서비스를 부실하게 하는 태도는 가장 경계해야 하는 것임을 안다.

실제로 운영을 하면서 혹시 우리의 태만한 처리로 생활에

불편한 우주인은 없는지 많은 반성을 하게 된다. 우리가
우주인을 대할 때 가장 노심초사하는 부분이다. 결국 이런
마음 하나하나가 기업의 이미지가 되리라고 믿는다.
물론 항상 노심초사하며 힘들기만 한 것은 아니다. 가끔 우주
지점을 방문할 때면 우주인들이 우리를 반갑게 맞아주고
시원한 음료수 한 잔이나 식사를 대접해줄 때면 벅찬 보람을
말로 표현할 수가 없다. 내가 일하는 원동력이 이거구나 하는
생각에 오히려 우주인들에게 힘을 얻는다.

1   콩고에서 온 우주인 1호의 편지
2   시간이 지나도 잊을 수 없는 우주인
3   새로운 사람을 만나는 즐거움, 함께 사는 든든함

4

집주인에 대한
안 좋은 편견을
버리자

5   프로젝트 OK, 우주도 OK, 우리도 OK
6   우주가 우리에게 남긴 몇 가지
7   우주를 밝혀준 인턴들의 활약
8   너 우주 알아? 나 요즘 거기에 푹 빠졌다!

STEP → 7   우리는 우주인입니다

어째서인지 집주인이라는 단어에는 부정적인 인식이 깔려 있다. 세입자 입장에서는 잘 보여야 하고 조심해야 하고 좋은 일보다는 갈등이 많은 관계로 여겨져서 그런 것 같다. 그런 면에서 정말 좋은 집주인들을 만난 것은 우주의 크나큰 행운이다.

현재 우주를 운영하는 방식은 크게 두 가지다. 첫째는 직영점으로 우주에서 집을 빌려 리모델링 비용을 직접 지불하고 운영하는 방식이고, 둘째는 위탁 운영으로 집주인이 비용을 부담해 리모델링하고 우주는 입주자 모집과 관리를 담당해 서비스 수수료를 받는 형태이다.

초기에는 직영점만 운영했기에 부동산을 통해 집주인을 만났다. 처음 반응은 대부분 이상한 사업이라며 반신반의했는데 그때 우리를 지지하며 손을 내밀어주신 분이 바로 1호점 집주인 박정수 님이다. 동네 아저씨처럼 푸근한 인상에 첫 만남부터 좋은 일이라며 칭찬해주신 덕에 1호점을 추진할 수 있었다. 신기한 애들이 이사 왔다며 호기심을 갖는 동네 어르신들께도 직접 우리를 소개하고 자랑해주셔서 용기를 많이 얻었다.

어느 날은 사모님께서 예정에 없이 직접 담그신 김치와 사골국을 갖다 주시며 열심히 하라고 응원 방문을 해주셨는데 그때 정말 감동이었다. 1호점이 언론에 많이 노출되면서 인터뷰 부탁도 많이 드렸는데 번거로운 일에 흔쾌히 도와주신 덕에 지금의 우주를 만들었다고 해도

과언이 아니다. 인터뷰 영향으로 다른 집주인 분들께서 먼저
우리에게 연락을 해주었기 때문이다. 재미있는 일 같아서
흥미가 생겼는데 자신의 집도 우주로 쓸 수 있겠느냐는
연락을 받았을 때는 우리도 놀랐다. 지금은 언제나 두 팔
벌려 환영이다.

특히 본인이 20년 넘게 살던 미아동 단독주택을 빌려주신
평창동 사모님은 공사비에 보태라며 6개월 월세를 반값에
제공해주셨다. 계약을 위해 처음 평창동에 방문했을 때
으리으리한 주택을 보고 놀라지 않을 수 없었다.

미아동 집은 현재 우주 6호점으로 운영 중이다. 계약이
성사되던 날 터가 정말 좋은 집이라며 우주도 빨리
성공하라고 응원해주셨는데 덕분에 우주인들에게 좋은
반응을 이어가는 것 같다.

우주 입주자뿐만 아니라 집주인들도 월세 수익이라는
금전적인 이익에 더해 자신의 집에서 우주 같은 재미있는
프로젝트가 진행된다는 점에 더욱 만족감을 느낀다. 대부분
집주인은 중장년층인데 자식 같은 청년들이 집에 들어와서
재미있게 살아가는 모습을 흐뭇하게 생각하기도 한다.
우주로 사용되기 전에는 임대가 잘 안 되거나 빈집으로
방치된 경우도 많았는데 셰어하우스 우주로 인해 집에
새로운 생명을 불어넣었다며 고맙다고 말씀하실 때면
우주인을 만날 때와는 또 다른 보람을 느낀다.

우주를 하면서 알게 된 점은 창업이란 예상치 못한 난관에

우리는 우주인입니다

부딪치기도 하지만 상상을 뛰어넘는 즐거움도 있다는
사실이다.

1   콩고에서 온 우주인 1호의 편지

2   시간이 지나도 잊을 수 없는 우주인

3   새로운 사람을 만나는 즐거움, 함께 사는 든든함

4   집주인에 대한 안 좋은 편견을 버리자

5   **프로젝트 OK,**

     우주도 OK,

     우리도 OK

6   우주가 우리에게 남긴 몇 가지

7   우주를 밝혀준 인턴들의 활약

8   너 우주 알아? 나 요즘 거기에 푹 빠졌다!

STEP → 7   우리는 우주인입니다

우주가 자리를 잡고 나서 대부분 대학생이었던 창업 멤버는
다시 학생 신분으로 돌아갔다. 우주에 뼈를 묻고 싶었지만
학업을 마치기 위해 어쩔 수 없이 학교로 돌아갔다는 멤버의
말에 의하면, 홀가분함에 행복해 죽을 것 같단다. 다음은
이정호 군의 증언이다.

사실 창업만 해도 힘든데 학업과 병행하는 어마어마한
과정을 거치고 나자 수업 끝나고 친구들과 카페에서
수다 떨고 저녁을 먹는 일상이 정말 소중하게 느껴졌다.
게다가 금의환향이라도 한 듯 우주 이야기를 재밌게
들어주는 친구들 덕에 어깨가 으쓱해졌다. 창업에
관심 있는 친구들에게는 우상이 되기도 했다. 때때로
"나도 우주에 입주시켜줘"라는 청탁 아닌 청탁을 하는
친구들의 농담에 어느덧 고생한 기억은 사라졌다. 내
몸에 새긴 진짜 경험의 힘이라는 건 이렇게 세다.
우주를 만들고 나니 공부가 더 재미있어졌다. 경영학
수업을 들으면서도 항상 어른들의 일을 가짜로 배우는
느낌을 받았는데 직접 사업 모델을 구축하고 회사를
운영해보니 수업 내용에 자연스레 몰입하게 된다.
'경영학은 현실의 연장이구나'라는 느낌도 갖게 되었다.
우리가 셰어하우스 우주를 기획하고 만드는 과정에서
했던 모든 고민이 경영학 이론과 접목되며 다른 학생들은

알지 못하는 나만의 공부를 하게 되는 것 같다.

그동안 나름대로 다양한 경험을 해왔다고 생각했는데 우주는 그것과는 다른 차원의 경험이었다. 학교로 돌아가 대학생활을 하다 보니 우주에서 보낸 일들이 꿈결처럼 현실성 없이 느껴지기도 했다. 1년이라는 시간 동안 정말 열심히 달려왔고 후회 없이 쏟아부어 그런 것 같다.

그만큼 우주가 성장한 모습과 계속 성장해나가는 모습을 보면 (아직 자식을 키워본 적은 없지만) 이런 게 부모 마음인가 싶을 정도로 뿌듯하다. 학교에 다니면서 우주를 바라보는 심정을 비유하자면 드라마에서 피치 못할 사정으로 아이를 두고 떠난 생모가 평생 그 자식을 마음에 담고 살면서 가끔씩 멀리서나마 지켜보며 자랑스러워하는 모습이 나오곤 하는데 그 심정을 알 것만 같다.

신기하게도 이제는 주변에서 우주를 아는 사람을 자주 만난다. 물론 내 주위 사람들이기에 그럴 수도 있지만 처음 만난 사람들과도 이야기를 나누다가 넌지시 우주를 알고 있다는 걸 알면 괜스레 반가운 마음이 든다. 동창회에 나가서도 누가 볼까 싶었던 인터뷰를 여기저기서 봤다는 이야기를 들으면 부끄러우면서도 즐겁다.

우주는 이제 막 성장기에 접어든 청소년 같은 회사라고
생각한다. 앞으로 시간이 지날수록 더 훌륭하고 튼튼하게
자라날 수 있을 거라는 믿음이 있다. 새로운 운영 멤버로
바뀌고 더욱 큰 조직으로 성장하더라도 처음 우리가
1호점에서 추운 겨울을 보내며 그린 이미지를 지켜나갈 수
있으면 좋겠다. 우주를 만든 우리와 만들어갈 그들과 지금
그리고 앞으로 살아갈 우주인들이 행복을 꿈꾸며 즐거운
공간으로 기억하는 집!
우주를 떠나 각자의 꿈대로 새로운 길을 가리라는 것을 알고
있지만 괜히 영영 못 볼 것처럼 마음이 찡하다. 하지만 우리는
우주와 떼려야 뗄 수 없는 관계이자 어디서 무엇을 하든
우주가 우리를 필요로 하는 순간에는 두 발 벗고 달려가 힘을
보탤 것이다.

1 콩고에서 온 우주인 1호의 편지

2 시간이 지나도 잊을 수 없는 우주인

3 새로운 사람을 만나는 즐거움, 함께 사는 든든함

4 집주인에 대한 안 좋은 편견을 버리자

5 프로젝트 OK, 우주도 OK, 우리도 OK

6 # 우주가 우리에게 남긴 몇 가지

7 우주를 밝혀준 인턴들의 활약

8 너 우주 알아? 나 요즘 거기에 푹 빠졌다!

STEP → 7

우리는 우주인입니다

대학생활조차 뚜렷한 목적 없이 내일의 걱정만 하느라 뒤돌아볼 여유를 갖기 힘들다. 그런데 우주 창립 멤버는 대학생 신분으로 인턴생활과 창업을 경험하면서 사회생활이란 이런 거구나 알게 되었고 부족했던 책임감과 효율적인 업무 방식을 배웠다. 대학생의 안일한 사고방식을 깨고 전문성을 갖추는 일이 쉽지만은 않았다. 그럴 때마다 엄하게 질책하면서도 다독여준 김정헌 대표의 역할이 컸다.

창업을 먼저 경험한 선배의 역할이 얼마나 중요한지 알게 되었다. 우리가 이 책을 통해 경험을 공유하고자 하는 가장 큰 이유이기도 하다. 김정헌 대표는 항상 높은 수준의 업무 결과를 요구했는데 처음에는 그것을 따라가기 위해 정말 피나게 노력했다. 아직 어리고 사회생활 경험이 없다는 말은 그저 투정이라는 걸 깨닫기까지 그리 오래 걸리지 않았다. 누구에게나 처음은 있다. 곧 당당한 구성원 1인이 되고자 노력해야 한다는 것과 사회생활에서는 아무도 나서서 보호해주고 배려해주지 않는다는 것을 알았다. 누구보다 각자 맡은 일을 치열하게 고민했다. 고민하는 것도 훈련이 되어 복학하고 나서 다른 일을 하면서도 높은 수준의 결과로 다듬어가고 고민하는 습관이 몸에 밴 것 같다.

가끔은 대학생들끼리만 우주를 창업했다면 어땠을지 자문해보곤 한다. 하지만 우리가 이렇게 순조로울 수 있었던 것은 아무래도 딜라이트 보청기를 창업한 경험이 있는 김정헌 대표와 조성신 팀장이 함께하면서 창업 초보가 겪는 문제들을 많이 줄여나가고 그들이 겪은 경험과 지식을 고스란히 전수해주었기에 가능했을 것이다.

창업을 하기 전까지는 (일반적으로 그러하듯) 창업은 아이디어로 승부를 본다고 생각했는데 막상 주사위를 던져보니 아이디어보다 실행력이 좌우한다는 것을 느낀다. 그래서 우리는 무엇보다 창업 초기에 업무 프로세스를 구축하는 데 대부분의 시간을 할애했고 지금도 계속해서 구축해나가고 있다. 보통 대학생들은 회사가 시스템을 통해 돌아가는 것을 이해하고 받아들이기가 쉽지 않다. 아이디어와 구성원은 물론 중요한 것이지만 시스템을 간과하고 무조건 사람을 우선해야 한다는 생각을 하는 사회 초년생일수록 좌절을 더 많이 겪기도 한다. 그런 면에서 아이디어나 능력이 부족해서라기보다 시스템의 방향을 잘 잡지 못해 창업이 실패하는 경우가 많다.

마지막으로 창업을 하려면 스트레스를 잘 관리해야 한다는 점을 강조한다. 우리는 항상 불안했고, 여전히 불안하다. 내일의 우주와 우리가 어떻게 될지 모르기 때문이다. 누구든 끝을 생각하고 창업을 시작하는 경우는 드물기에 그만큼 창업에 대한 스트레스는 상상 이상이다. 실제로 우주 멤버

STEP → 7

우리는 우주인입니다

몇몇은 슬럼프에 빠지기도 했고, 첫사랑과 이별하기도
했다. 청춘의 전유물이라고 하기에는 매우 현실적인 문제가
뒤따랐다. 시간이 지날수록 업무 성과가 떨어졌다. 그래서
스트레스를 잘 관리하고 대처하며 일과 개인의 균형을
조절하는 게 중요하다는 것을 뼈저리게 경험했다.

시간이 흘러 우리가 각자 어떤 일을 하게 될지는 모르지만
그 모든 일의 바탕에는 우주에서의 경험이 밑거름이 되리라는
점만은 믿어 의심치 않는다.

1   콩고에서 온 우주인 1호의 편지

2   시간이 지나도 잊을 수 없는 우주인

3   새로운 사람을 만나는 즐거움, 함께 사는 든든함

4   집주인에 대한 안 좋은 편견을 버리자

5   프로젝트 OK, 우주도 OK, 우리도 OK

6   우주가 우리에게 남긴 몇 가지

7

우주를 밝혀준
인턴들의 활약

8   너 우주 알아? 나 요즘 거기에 푹 빠졌다!

STEP → 7

우리는 우주인입니다

우주를 앞에서 이끌어온 공동창업자가 있다면 뒤에서 숨은 노력을 아끼지 않으며 밀어준 일등공신은 따로 있다. 어려운 재정 상황으로 박한 대우에도 기꺼이 함께해준 인턴들이다. 역시 우리처럼 대학생 친구들이다. 2012년 겨울 인턴과 2013년 여름 인턴을 시작으로 한 해 두 번 인턴을 모집하고 있다.

인턴을 뽑는 기준은 단순하다. 스타트업이다 보니 어려운 시간을 함께 고생하며 이야기해야 하기에 대화가 잘 통하고 재밌게 일할 수 있는 친구들을 선발했다. 그렇게 보이지 않는 곳에서 애써준 이들을 한 명 한 명 소개하고 싶다. 인턴 관리를 담당한 박형수 군의 글이다.

2012년 겨울 인턴을 함께한 유진이, 신미, 하림이 형, 보혜. 유진이는 성균관대 학생으로 인턴 중 가장 어린 막내였다. 소녀 감성을 물씬 풍기는 여동생 같아 놀리는 재미가 있었다. 하지만 일할 때만큼은 누구보다 열심히 최선을 다하는 모습에 마냥 막내는 아니었다. 특히 유진이는 학교에서 'SEN'이라는 사회적 기업을 연구하며 관련 프로젝트를 수행하는 학회의 구성원으로 우주 운영에 관심이 많아 배움의 열의가 높았다. 짧은 인턴을 마무리하고 학교로 복학해 지금은 다른 곳에서 인턴을 하고 있지만 가끔씩 연락을 하며 도움을 주고받는다.

신미는 연세대학교 후배이자 '엄친딸'로, 말 그대로
엄마 친구 딸이다. 그래서 신미가 인턴으로 지원했을 때
비리가 있는 거 아니냐는 의혹이 짙었지만 정말 신미가
우연히도 알고 지원했다. 신미는 학회나 다른 대외
활동을 해본 적이 없는 터라 처음에는 조금 미숙했지만
열심히 하려는 모습을 보고 최대한 많이 가르쳐주려고
노력했다. 역시 지금은 복학해서 가끔 학교에서 학생
신분으로 마주칠 때면 신기하기도 하고 추억이 떠올라
반갑다.

하림이 형은 유진이와 같은 성균관대를 다니는 학생으로
군대 전역을 하고 일주일도 안 되어 우주 인턴을
함께했다. 업무 특성상 발로 뛰는 일들이 많아서 추운
겨울에 고생을 많이 했다. 지점을 개발하는 아이디어를
떠올리려고 머리를 맞대다가 '멘탈 붕괴'로 같이 정신
줄을 놓고 멍을 때리기도 했다. 그럴 때마나 하림이 형의
모습을 보면서 배울 점이 많아 자극을 받았다.

보혜는 창업 멤버 중 한 명과 학회에서 같이 일한
경험이 있고, 사회적 기업에 관심이 많아 우리가 적극
스카우트한 경우다. 역시 기대에 부응하는 성과를
보여주었다. 책임감 있는 업무 마무리와 남다른 결과물로
오히려 우리가 어깨너머로 많이 배웠다.

회사 체계가 잡히기 전에 함께 일한 첫 인턴들은 그만큼
고생을 많이 했고, 우주가 자리를 잡게끔 도와준 터라

우리는 우주인입니다

미안하고 고마운 마음이 교차한다. 오랜 시간 투입한 결과물이 수포로 돌아가는 시행착오도 있었지만 모두 우주가 잘 되기를 바라는 한마음 한뜻으로 똘똘 뭉친 시절이었다. 지금 우주의 모습 뒤에 그 모든 노고가 담겨 있다.

그리고 두 번째 인턴을 모집한 2013년 여름에는 대건이, 희정이, 진영이, 상희, 경나와 함께했다. 이때는 보다 체계가 잡혀서 수월하게 인턴생활을 할 수 있었다. 대건이는 겨울 인턴 유진이의 소개로 함께하게 되었다. 소셜 벤처에 대한 열망이 높았고 늘 업무를 열심히 하는 모습이 보기 좋았다. 우리가 딜라이트 보청기에서 인턴생활을 하던 모습이 겹치면서 마음이 많이 가서 조언도 많이 해주었다.

희정이는 서강대 학생으로 업무 욕심이 많아 열정이 높았기에 학교 선배이기도 한 김정헌 대표가 밀착해 이것저것 많이 알려주었다. 희정이는 일본 커넥트하우스가 한국에 방문했을 때 안내를 전담했는데 커넥트하우스의 대표가 칭찬을 아끼지 않을 정도로 유능한 인턴이었다.

캐나다에서 대학을 다니는 진영이는 방학 동안 한국에 들어와 인턴을 경험했다. 진영이는 특히 나와 오랜 시간을 같이 일하면서 짧은 시간 동안 임대 관리 웹 및 애플리케이션의 초안을 꼼꼼하게 만들어놓고 떠난

실력자다. 그 초안을 바탕으로 후임자가 임대 관리 웹 및 애플리케이션 개발에 수월하게 착수했다.

상희는 무한히 믿음이 가는 친구였다. 무엇이든 믿고 맡길 수 있을 만큼 책임감 있게 좋은 결과물을 만들어주었다. 인턴 중에서도 맏언니였는데 다른 인턴들이 잘 따르고 의지해 중심을 잡아주는 모습이 보기 좋았다.

마지막으로 경나는 건축학을 전공하는 학생으로 현장에서 고생을 가장 많이 했다. 우주 지점이 이 정도로 발전하고 눈부시게 탈바꿈된 것은 경나의 공이라 해도 과언이 아니다. 지금 각 지점마다 개발 시스템이 갖추어진 데에는 경나가 한 획을 그었다. 업무 특성상 현장에서 싫은 소리를 할 일이 많아서 너무 미안했다.

여름 인턴과 함께 근무하는 동안 우주는 한 단계 더 도약할 수 있었다. 이 모든 결과는 우리 창업자들만으로는 이루어질 수 없는 일이었다. 회사 기반도 안정적으로 정착했고 각종 외부 홍보물 제작이나 수준도 높아졌으며 미처 생각지 못한 아이디어들이 모여 실행으로 이어졌다. 돌이켜보면 모두 각자 맡은 일을 훌륭하게 수행해주었고 한 사람 한 사람의 힘을 오롯이 받을 수 있었다.

시간이 지나면서 파트타임으로 함께하는 인턴도 생겨나고

우리는 우주인입니다

학교로 복학한 인턴들도 있지만 그 시간을 함께 보낸 인연이 돈독해서 지금까지도 이어진다. 우주는 인턴들과 함께 만들었다. 언제나 감사하다. 외부에서는 우리가 창업자라고 하지만 이들이야말로 진정한 우주의 창업자다.

1   콩고에서 온 우주인 1호의 편지

2   시간이 지나도 잊을 수 없는 우주인

3   새로운 사람을 만나는 즐거움, 함께 사는 든든함

4   집주인에 대한 안 좋은 편견을 버리자

5   프로젝트 OK, 우주도 OK, 우리도 OK

6   우주가 우리에게 남긴 몇 가지

7   우주를 밝혀준 인턴들의 활약

8   # 너 우주 알아?
나 요즘 거기에
푹 빠졌다!

이런 소식을 들으면 마냥 즐겁다. 친구가 대학 선배를
만났는데 우주 얘기를 하더라는 것이다. 그 선배는 취업은
싫고 재미있고 가치 있는 일을 하고 싶은데 인터넷에서
우연히 본 우주를 보고 확 꽂혔다고 한다. 청년 주거 문제와
셰어하우스를 접목한 사회적 기업 모델이 인상적이었고
우주의 젊은 감각도 마음에 든다며 본인도 이런 사업을 할
거라고 했단다. 친구는 "내 친구가 만들었는데" 하며 괜스레
뿌듯했다고 한다. 그 말을 전해들은 우리는 날개를 단 듯한
기분이었다. 우주에서 얻는 가장 큰 보람은 우주인들의
즐거운 생활이 우선이지만 이런 재미 또한 놓칠 수 없다.
사람들이 우주의 매력에 푹 빠지는 그날까지, 달려볼까?

셰어하우스에서 살기 위해 알아야 할 것들

셰어하우스에서 함께 살아가는 것은 매우 복잡 미묘한 일이다. 사실 우주에 사는 개개인은 모두 다른 환경과 조건에서 살아왔다. 그래서 크고 작은 일상을 맞춰간다는 건 생각보다 어려운 일이다.

그렇기에 규칙이 필요하다. 다만 일률적이거나 강제적인 규칙은 반기지 않는다. 그래서 우주에 들어온 사람들은 지점별로 각자에게 필요한 규칙을 정해 합의하고 그에 따라 생활한다. 예를 들면 공동 사용 공간(화장실, 거실, 취사 공간 등)에 대한 청소부터 관리비를 누가 맡아서 모으고 지불할 것인지 등 세부적으로 정할 일들이 꽤나 많다. 독립생활을 위한 필수 조건일 것이다. 다음은 실제 우주 구성원들이 만든 거주 규칙 가이드라인을 소개한다.

거주 규칙 가이드라인

분리수거

1. 월, 화, 수, 목, 금, 토(19:00~21:00 집 앞 배출)
2. 일반쓰레기, 종이류, 플라스틱류, 캔류, 병류
   (해당 봉투에 분리 배출)
3. 해당 우주인 : 지구인, 화성인, 목성인, 수성인, 태양인,
   금성인
4. 각자 방에서 나오는 쓰레기는 마당에 있는 분리수거대에
   본인이 분리수거를 합니다.
5. 해당 봉투는 각자 구매하여 보관 및 활용합니다.
6. 당번제를 주 단위로 실시하며, 방별로 담당을 정해
   마당에 있는 분리수거대의 해당 쓰레기와 공용
   공간(거실, 화장실)의 쓰레기를 집 앞에 배출합니다.

가족이나
친구의 방문

1. 가족이나 친구의 방문은 가능하지만 숙박은
   불가능합니다. 단, 룸메이트 동의 하에 직계존속에
   대해서는 숙박을 허가합니다.
2. 방문 시간은 최대 24:00까지 가능합니다.
3. 정문은 방문자와 관계없이 항상 잠급니다.
4. 공용 공간의 테이블은 테이블 예약 제도를 실시하며
   식사 시간을 제외하고 1시간 단위로 운영합니다.

보일러 운영

보일러는 자율적으로 운영합니다.

세탁기 이용

1. 세탁기 이용 시간은 언제라도 가능합니다.
2. 다음 사람을 위해 세탁 기능 중에 건조 기능은 사용하지 않습니다.
3. 세탁 시 세탁물 바구니를 이용하며 세탁물 바구니에는 본인의 이름을 기재해 세탁기 앞에 비치합니다.
4. 세탁이 끝나면 본인이 시간에 맞추어 빠른 시간 안에 가져가고, 만일 다음 사람이 세탁이 끝난 앞사람의 세탁물을 발견하면 해당자에게 연락하여 조치합니다.

냉장고 이용

1. 냉장고는 방별로 해당 칸을 정해서 이용합니다.
2. 본인 이외의 물품은 건드리지 않습니다.
3. 부득이하게 본인 이외의 칸을 이용해야 하는 경우 허락을 맡고 자신의 물건에 견출지를 붙여둡니다.

샤워 공간 이용

1. 샤워 공간의 해당 칸을 정해서 본인의 물품을 보관합니다.
2. 23:00 이후에는 공용 공간의 샤워실만 이용합니다.

부엌 이용

1. 본인이 사용한 주방용품은 사용 직후 본인이 직접 설거지해 제자리에 둡니다.
2. 본인의 음식물 쓰레기는 본인이 처리하여 냉동실에 보관하고 금요일에 일괄 배출합니다.

공용 공간 청소

1. 공용 공간 청소 범위는 주방, 거실, 마당, 화장실이며 청소기 및 청소도구를 활용해 청소합니다.
2. 청소는 2주 단위 당번제로 실시하며, 방별로 담당해 주 2회 청소를 실시합니다.

소등 및 소음

공용 공간에서는 24:00부터 필요 이상의 소음(음악 소리, TV 소리, 큰 소리의 대화 등)을 자제합니다.

개인 물품 및 공용 물품 분류

1. 공용 공간에서 우주인들과 나누고자 하는 음식 또는 물건이 있을 경우 견출지에 '공용'을 기입하여 부착한 뒤 놓아두시기 바랍니다.
2. 본인 이외의 물건을 사용하고자 하는 경우에는 견출지의 여부를 반드시 확인합니다.

앞에 나열한 것은 실제 우주의 한 지점에서 운영하는
규칙이지만 각 지점마다 구성원이 다르기에 그 특성도
다르니 참고만 하자. 예를 들면, 전체 생활비를 걷어서 모두
공동으로 운영하는 지점도 있고 개인 취향에 맞추어 비품
등은 따로 구매하는 곳도 있다. 직장인의 경우 학생들의
경제적인 부담을 분담해주는 경우도 있다.

처음에 1호점을 열었을 때는 입주자들에게 '무조건 청결'을
요구하기도 했음을 고백한다. 여담이지만 그러다 우리
방에 들어가보고 누구에게 요구할 처지가 아니라는 걸
깨달았다. 그래서 군대처럼 완벽하게 짜여진 규칙이 아닌
각자 방식대로 편하게 생활하는 것을 목표로 삼았다. 다만
함께 지내는 사람들 사이에 합의를 가장 중요하게 생각한다.
기본적으로 타인에게 피해를 주는 행위나 불미스러운 일에
대해서는 철저하게 규제한다.

우주에서 정한 규칙들이 과연 문제없이 잘 지켜지는지
외부에서 많이 궁금해한다. 공동생활의 어려움은 당연히
존재한다. 하지만 하나하나 맞춰가면서 함께 살아가는
경험을 한다는 것은 매우 중요하다. 모두가 불만이나 낙오
없이 한마음으로 움직이기란 어려운 일이기에 우리는 우주
관리자로서 서로 약속을 잘 지킬 수 있게 독려하고 불편한
점은 없는지 늘 살피며 개선해나간다. 제대로 지켜지지 않을
때 벌칙을 주는 것보다 미리 예방하는 게 중요하다. 그래서
우리는 늘 우주인들과 충분히 대화하며 갈등이 생기지

않도록 중간 역할을 한다.

공동생활에서는 개인이 이득을 보려고 하는 것보다 서로 양보하는 것이 기본이다. 더욱이 방을 함께 쓰고 거실과 부엌 등을 공유하려면 양보는 의무만큼 중요하다. 서로 다른 개성을 가진 사람들이 아무런 불편 없이 살아간다면 거짓말일 것이다. 하지만 불편함에 그치지 않고 셰어하우스에서 합의를 통해 맞춰가고 양보하는 법을 배운다. 이는 공동생활에서뿐만 아니라 삶에서도 중요한 가치를 터득할 수 있는 기회가 될 것이다.

우리가 만드는 문화, 우리가 꿈꾸는 집

살고 싶은 세상, 같이의 가치의 짓다

청년 창업, 소셜 벤처, 주거 문화. 우리를 설명하는 키워드를 꼽으라면 이렇게 세 가지로 압축할 수 있다. 그런데 우리는 이 말들 사이에서 지금까지 우주를 만들고 키워오면서 맞이한 수많은 기회와 고마운 분들의 도움을 읽는다. 그 덕분에 지금 이 자리까지 올 수 있었다. 미스코리아 당선자나 영화제 수상자가 할 법한 말이지만 예의상 하는 말이 아니라 진심이다. 지금 생각해보니 어쩌면 그들도 말로 못다 한 진심이었을 것이다.

아직도 2012년이 눈에 선하다. 그해 12월에 1호점을 완성했을 때만 해도 그저 "우리 손으로 직접 우리의 주거 문제를

해결하고 싶다!"라는 맹랑한 포부만 가득했지 구체적인
그림은 희미한 혈기 왕성한 청년들일 뿐이었다.

여전히 청년 주거 문제는 주위에 만연하다. 대학가는
매 학기가 시작될 무렵이면 너도 나도 집을 구하기 위해
야단이다. 학교 주변 부동산들은 바빠지고 어쩔 수 없는
선택으로 비좁은 집을 구한 학생들은 마지못해 작은 공간에
등을 붙이고 산다.

말 한마디 건넬 이 없는 조용한 집에 들어서면 느껴지는
싸늘한 기운, 텅 빈 냉장고, 잘 때도 끄지 못하고 밤새 켜두는
전등이 홀로 자취하는 이들의 애환을 대변한다. 그뿐이랴,
날로 높아지는 보증금과 월세, 시도 때도 없이 벌어지는
집주인과의 갈등, 때로는 부당한 횡포까지 독립생활의
낭만은커녕 꿈도 꾸기 전에 환상이 깨져버린다.

곤란을 겪기는 집주인 입장에서도 마찬가지다. 만만치 않은
집 관리와 임대가 안 되어 처치 곤란 흉물로 전락한 집까지
애로 사항이 다양하다. 지금까지는 이런 문제들을 새로운
방식으로 풀어볼 생각을 하지 못했다. 그저 낡은 집을 허물고
큰돈을 들여 원룸으로 개조해 수익을 내보려는 게 유일한
해결책이었지만 빚까지 내어 수리한 집이 공실로 남는 순간
집주인은 울상이 된다.

주거 문제가 심각한 청년 계층에게도, 집 때문에 골머리를
썩는 집주인에게도 대안이 필요한 시점에 우주가 새로운
가능성을 열었다고 생각한다. 처음에는 단순히 우리

눈앞의 문제를 해결해보자는 생각에서 시작했지만 창업을
준비하며 이모저모 알아보면서 주거 시장을 이루는 구조를
들여다보게 되었고 그 안에서 생겨나는 문제점들을 하나하나
개선해보겠다는 의지가 생겼다. 그리하여 새로운 방식과
아이디어를 통해 주거 문화를 바로잡고 싶다는 꿈을 꾸게
되었다. 집이 지닌 본연의 의미를 회복하고 싶었다.
서울의 1인 가구는 30년 동안 10배가 늘었다고 한다. 그에
비하면 셰어하우스 우주의 지점 수는 너무나도 작은 규모다.
하지만 시작부터 큰 게 어디 있을까. 우주는 성장할 것이다.
우주가 주거의 질을 개선하여 셰어하우스에 대한 인식을
높임으로써 우리 말고도 비슷한 의식과 목적을 가진 집들이
많이 생겨나기를 바란다.
실제로 우주를 시작으로 다른 셰어하우스가 속속 생겨나고
있다. 우리가 그들에게 올바른 셰어하우스의 예가 된다면
좋겠다. 우리가 일본에서 배워와 응용했듯이 우리는 가장
한국적이고 우리 정서에 맞는 이른바 '한국형 셰어하우스
1호'로서 본받을 만한 규칙이나 시설을 갖추기 위해 오늘도
고군분투한다.
앞으로 생겨날 셰어하우스들이 '열악한 원룸' 형태를
답습하지 않도록 인식을 바꾸고 셰어하우스만의 문화를
지녔으면 좋겠다. 누군가 우주가 그 계기를 제공했노라고
인정해준다면 더없는 보람을 느낄 것이다.
한국에 멋진 셰어하우스 문화가 정착하고 나아가 또 다른

대안 주거가 마련된다면 어떨까? 한국 젊은이들이 밝은
얼굴로 집을 찾아 나서고 취향에 맞게 집을 선택할 수 있는
유쾌한 주거 문화로 발전하지 않을까?

함께 사는 즐거움, Happy together

"모르는 사람과 같이 사는 게 정말 괜찮을까?"
여전히 이 질문이 맴돌 수 있다는 거, 충분히 이해한다. 이에
대한 답은 우주에 사는 우주인에게 직접 들을 수 있는데
간단히 답하자면 "당연히 괜찮다".
물론 타인과 같이 사는 일에는 불편이 따를 수 있다. 그런데
우리는 태어날 때부터 누군가와 함께 산다. 가족과 한 지붕
아래에서 살을 맞대고 부비며 자라난다. 어쩌면 함께
살아간다는 것은 본능인지도 모르겠다. 남이라고 생각하면
먹고 자고 씻는 모든 일이 가족과는 비교가 안 되리라고
생각하기 쉽고 사소한 일 하나까지 의식되어 불편하게
느껴질 수도 있지만 함께 생활하는 동안 새로운 '가족'이라고
느낄 만큼 가까워진다는 것은 한 지붕이 지닌 마력인 것
같다.
오히려 또래와 어울려 사는 삶을 통해 새로운 관계를
형성하고 도움을 주고받는 모습을 목격하면 금세 생각이

달라진다. 사람들의 이해를 돕기 위해 우리가 흔히 드는 예가
있다.

라면 하나를 끓여 먹더라도 누군가와 같이 있으면 혼자서는
귀찮아서 안 꺼내던 김치도 내놓고, 그러면서 자연스럽게
말을 섞게 되고, 어느새 수다를 떨며 이야기를 나누게 된다.
TV 예능 프로그램을 보더라도 혼자 빵 터졌다가 괜히
어색해지는 침묵의 시간도 없다.

함께 산다는 것은 집을 나누는 것을 넘어 삶을 공유하고
이야기가 더해지는 일이다. 셰어하우스에 산다는 건 우리가
늘 원하던 '편하게 함께 산책을 다니고 치맥을 할 수 있는
동네 친구'를 가질 수 있게 된다는 의미다. 이렇게 생각해보니
좋지 않은가?

우주를 통해 우리가 나고 자란 '집'이라는 공간에 대해 더
많이 생각해보게 되었다. 셰어하우스라는 형태는 조금
특별하지만 기본적으로 모든 집은 포근하며 오래 머물러도
편안해야 한다. 깊이 들여다보면 셰어하우스를 운영하는 여러
제도나 정책, 시설부터 비용까지 고민해야 할 부분이 너무나
많지만 그건 우주 관리자가 해나갈 몫이다.

우주인과 우주를 지켜보는 많은 분들은 그저 살고 싶은 집을
꿈꾸고, 그 집을 누리며 함께 사는 가치를 마음에 새기면
된다. 불가피하게 혼자 사는 삶을 택한 1인 주거층에게 더
이상 '집'이 돌아가기 싫은 외롭고 답답한 공간이 아니라
행복한 생활의 밑바탕이 되는 훈훈한 공간이 되었으면

좋겠다.

집을 나서고 들어설 때 누군가와 인사를 나눌 수 있는 곳.
나를 기다려줄 이가 있고 돌아올 누군가를 기다리는 곳.
별거 아닌 사소한 대화를 나눌 수 있는 곳.
마음을 나누는 사람의 온기가 느껴지는 곳.

공간과 사람과 이야기가 있는 집, 그것이 우주가
만들어나가고 싶은 집이다.

같이의 가치를 짓다 :
청년 스타트업 우주의 한국형 셰어하우스 창업 이야기

2014년 8월 24일 초판 1쇄 발행

지은이
김정헌 계현철 이정호 조성신 박형수

펴낸이	**펴낸곳**	**등록**
조성웅	도서출판 유유	제406-2010-000032호(2010년 4월 2일)

주소
경기도 파주시 책향기로 337, 308-403 (우편번호 413-782)

전화	**팩스**	**홈페이지**	**전자우편**
070-8701-4800	0303-3444-4645	uupress.co.kr	uupress@gmail.com

페이스북	**트위터**
www.facebook.com/uupress	www.twitter.com/uu_press

편집	**디자인**	**제작**
연진씨	이기준	(주)재원프린팅

ISBN 979-11-85152-11-0 03300

이 도서의 국립중앙도서관 출판시도서목록(CIP)은 e-CIP 홈페이지
(www.nl.go.kr/ecip)와 국가자료공동목록시스템(www.nl.go.kr/kolisnet)에서
이용하실 수 있습니다.(CIP제어번호: CIP2014022016)